Lendas e mitos
dos índios brasileiros

Lendas e mitos
dos índios brasileiros

Walde-Mar de Andrade e Silva

4ª edição

FTD

Copyright © Walde-Mar de Andrade e Silva, 2015
Todos os direitos reservados à
EDITORA FTD S.A.
Matriz: Rua Rui Barbosa, 156 – Bela Vista – São Paulo – SP
CEP 01326-010 – Tel. (0-XX-11) 3598-6000
Caixa Postal 65149 – CEP da Caixa Postal 01390-970
Internet: www.ftd.com.br
E-mail: projetos@ftd.com.br

Diretora editorial	Ceciliany Alves
Editora executiva	Valéria de Freitas Pereira
Editora	Cecilia Bassarani
Editor assistente	J. Augusto Nascimento
Preparadora	Bruna Perrella Brito
Revisora	Débora Andrade
Editora de arte	Andréia Crema
Diagramadora	Sheila Moraes Ribeiro
Diretor de operações e produção gráfica	Reginaldo Soares Damasceno

Walde-Mar de Andrade e Silva nasceu em 1933, em uma fazenda às margens do rio Itararé, interior do estado de São Paulo. É artista plástico, escritor, ator e pesquisador de cultura indígena. Passou anos vivendo entre grupos étnicos do Parque Indígena do Xingu, com o apoio dos irmãos Villas Bôas.

Dados Internacionais de Catalogação na Publicação (CIP)
(Câmara Brasileira do Livro, SP, Brasil)

Silva, Walde-Mar de Andrade e
  Lendas e mitos dos índios brasileiros / Walde-Mar de Andrade e Silva ; [ilustrações do autor]. — 4. ed. — São Paulo : FTD, 2015.

  ISBN 978-85-20-00100-4

  1. Índios da América do Sul – Brasil 2. Índios da América do Sul – Lendas 3. Índios da América do Sul – Mitologia I. Título.

15-01284
CDD-980.1
-299.8

Índices para catálogo sistemático:
1. Índios : Brasil : Lendas 980.1
2. Índios : Brasil : Mitologia 299.8

A - 935.483/24

Prefácio 8

A vida no Xingu: espetáculo de rara beleza 12

Lendas recolhidas e interpretadas pelo autor

    Mundo Novo O paraíso terrestre
    (KAIAPÓ) 16

    Iguaçu As cataratas que surgiram do amor
    (KAINGANG) 20

    Mandioca O pão indígena
    (TUPI) 24

    Guaraná A essência do fruto
    (MAUÉ) 28

    Mumuru A estrela dos lagos
    (MUNDURUKU) 32

    Yara A rainha das águas
    (TUPI) 36

    Thaina Khan A estrela da manhã
    (KARAJÁ) 40

    Cervo Berá O troféu do amor
    (TUPI) 44

    Irapuru O canto que encanta
    (MAUÉ) 48

    Potyra As lágrimas eternas
    (TUPI) 52

    Tucumã O surgimento da noite
    (TUPI) 56

    Coacyaba O primeiro beija-flor
    (MAUÉ) 60

    Poronominaré O dono da terra
    (BARÉ) 64

Xingu A formação das etnias
(Kamaiurá) 68

Begorotire O homem-chuva
(Kaiapó) 72

O menino e a onça Como os Kaiapó
conquistaram o fogo
(Kaiapó) 76

Lendas adaptadas a partir dos registros de Cláudio e Orlando Villas Bôas

Mavutsinim O primeiro homem
(Kamaiurá) 80

O primeiro *Kuarup* A festa dos mortos
(Kamaiurá) 84

Kuát e Iaê A conquista do dia
(Kamaiurá) 88

Igaranhã A canoa encantada
(Kamaiurá) 92

Arutsâm O sapo astucioso
(Kamaiurá) 96

Sinaá Inundação e fim do mundo
(Kamaiurá) 100

Kanutsipém A formação dos rios
(Kamaiurá) 104

Iamuricumás As mulheres sem o seio direito
(Kamaiurá) 108

Vocabulário 112

Referências 116

Prefácio

Bem no centro do nosso país, na região cortada pelos formadores do caudaloso Xingu, lá onde as águas correm tranquilas nos remansos, se apressam nos rebojos, se batem nos pedrais das corredeiras ou então volteiam nas praias brancas do rio, vivem duas dezenas de tribos indígenas. Felizes, numa privilegiada situação geográfica, permanecem livres de influências estranhas. São os xinguanos. Seus cânticos, danças, costumes e crenças parecem vir de um passado remoto, do fundo dos tempos. Suas aldeias, constituídas de grandes malocas cobertas de palha, com formato elíptico, são fragmentos do Brasil quinhentista, daquela terra imensa que se desdobrou misteriosa aos olhos deslumbrados dos homens das caravelas.

Na verdade, o Alto Xingu, pátria dos índios, é uma grande "ilha" verde, isolada, insensível à passagem dos séculos. Ali se completa o ciclo da natureza xinguana: a desova do tracajá antecede a colheita do pequi; as craíbas florescem quando, na seca, as praias muito alvas brilham ao sol. Na mata, como num dia de festa, as vivas orquídeas dão um ar de beleza. Só o índio, indiferente, não para, não olha. Fazê-lo por quê? Não é ele também uma peça do todo, da mata, do rio, das cores, de tudo? Nada o atinge. Para o índio não existem anos, meses, semanas, dias. Existe, isto sim, o fluir silencioso do tempo, e ele, integrado ao meio, vivendo o presente, deixa-se levar à deriva qual uma folha na correnteza. Não se há de falar do índio e de seu *habitat* separadamente, como se fossem coisas distintas. Não. Índio e meio se compõem numa paisagem só. Seus adornos são os mesmos com que a natureza se enfeita: o verde das palmeiras, o colorido das plumas, o branco da tabatinga, o vermelho do urucum, o azul do jenipapo. Seu alimento está ali, pendendo das ramas, vindo do seio negro da terra, do fundo claro das águas. As grandes malocas de teto abaulado lembram copas de faveiras e samaúmas gigantes. E ele próprio, o índio, não descende de troncos que ganharam vida ao sopro divino de Mavutsinim, herói e criador das gentes?

Foi nesse universo do índio que Waldemar de Andrade, Walde-Mar pintor, se inspirou e começou a passar para a tela tudo aquilo que via. Não escapou à sua sensibilidade a vida bucólica do silvícola. As feições serenas das suas figuras mostram bem as gentes xinguanas. Talvez a lembrança da sua vida de menino pobre, lá na sua pequena cidade natal, tenha sido a inspiradora da sua arte de retratar, de preferência, a criança. Nem por isso Sinaá, da lenda juruna, deixou de figurar na sua interpretação como um bem caracterizado homem velho.

A vida arma surpresas! Quem diria que o lavrador braçal de ontem, o escriturário e balconista numa outra fase, abandonasse tudo para pegar no pincel diante de uma tela... Sem escola de arte, movido apenas pela sua intuição e sensibilidade artística, Walde-Mar vem se projetando entre os melhores primitivistas do país.

Neste livro, onde interpreta e figura alguns mitos, o artista nos mostra duas faces: a arte de pintar e o senso interpretativo das histórias. Nos quadros de Walde-Mar, a mata completa o cenário. As largas florestas, quando vistas do alto, se apresentam como uma grande planície ondulada. O verde das copas vai-se tornando mais escuro nas partes mais baixas da ondulação. Essas nuanças não escaparam ao pincel do artista.

Orlando Villas Bôas

A vida no Xingu: espetáculo de rara beleza

Logo ao amanhecer, o catipuruí canta na cumeeira das habitações de sapé e os índios levantam-se. Sob a penumbra, os homens reúnem-se com os meninos e partem em direção ao rio para o primeiro banho. Entre risos e gritos, agitam as águas como querendo despertá-las.

O sol lança seus primeiros raios na imensidão. A relva, coberta de orvalho, reflete pontos de luz. Sente-se no ar um aroma agradável. Uma infinidade de borboletas de diversas cores, sobressaindo-se a amarela, vai chegando às praias. Sobre as árvores e voando em todas as direções, os pássaros cantam. Nos campos, um festival de insetos pousa sobre as flores. Os animais caminham despreocupados pela planície, em busca de alimentos.

Ao voltarem, o biju, cheiroso e quentinho, é saboreado. Então é a vez de as mulheres, meninas e crianças de colo se banharem. Pelo chão da enorme casa, caminham papagaios, periquitos e mutuns, atraídos por restos de alimentos. Do lado de fora, a meninada se diverte com macacos, antas, porcos-do-mato, raposas e outros animais domesticados que vivem soltos nas aldeias.

Os adultos iniciam suas atividades de preparação do solo, plantio e colheita, caça e pesca, coleta de mel e de frutos silvestres. Suas casas, utensílios, armas e ornamentos são feitos com carinho e em clima festivo.

Durante o dia, ficam sobre o jirau os alimentos preparados para a família, entre eles peixe, biju e mandioca. Quando o sol está quente, alguns índios preferem o repouso na rede, outros brincam com os filhos ou continuam em suas atividades à sombra. Ao entardecer, costumam ficar conversando no pátio da aldeia. Outra cena comum é encontrar meninos, curiosos e atentos, em torno de um índio mais velho que lhes conta histórias.

Com a chegada da noite, prevalece a calma. Pequenas fogueiras são feitas sob as redes e mantidas acesas pelas mulheres até o amanhecer. As estrelas no céu fazem, na escuridão, um espetáculo de rara beleza, tornando-se completo com o surgimento da lua no horizonte. Cantando tristemente, bem distante, o urutau quebra o silêncio. É aí que o índio, no centro da aldeia, ao lado do fogo, aproveita para contar histórias de magia e de heróis míticos.

O índio festeja sempre, e com muita pureza, liberdade, equilíbrio e amor, refletindo dessa forma a própria natureza, com a qual vive em completa integração. Por isso é feliz.

O *Kuarup*, principal ritual do Alto Xingu, é um exemplo disso. Tudo é muito bem cuidado. A expectativa toma conta de todos, notando-se grande movimentação em toda parte da aldeia. Nesse ritual, as toras representam os mortos a serem homenageados; portanto, a escolha da madeira, o corte, o transporte, a pintura e a ornamentação são o centro das atenções.

Durante o *Kuarup*, os parentes choram seus mortos, acompanhados de carpideiras, enquanto os *maracá-êp* tocam e cantam sem cessar. As demais pessoas acompanham emocionadas. Passada a metade do dia, aproxima-se um dos momentos mais importantes, o das lutas uca-uca, que encerram a cerimônia, mostrando com vitalidade que a vida continua.

O ritual termina com a retirada das toras, lançadas às águas para sempre – esses "mortos" não serão mais chorados ou lembrados. Os convidados, depois de alimentados, se retiram. Uma atmosfera de paz e tranquilidade se apossa da aldeia. Só no verão seguinte haverá outro *Kuarup*.

Quanta beleza e harmonia!

Walde-Mar de Andrade e Silva

Mundo Novo

O paraíso terrestre
Kaiapó

A nação indígena dos Kaiapó habitava uma região onde não havia Sol nem Lua, tampouco rios ou florestas, ou mesmo o azul do céu.

Os Kaiapó alimentavam-se apenas de alguns animais e mandioca, pois não conheciam peixes, pássaros ou frutas.

Certo dia, estando um índio a perseguir um tatu-canastra, acabou por distanciar-se de sua aldeia. Inacreditavelmente, à medida que o índio se afastava, sua caça crescia.

Já próximo de alcançar o tatu, este rapidamente cavou a terra, desaparecendo dentro dela.

Sendo uma cova imensa, o indígena decidiu seguir o animal. Ficou surpreso ao perceber que, no final da escuridão, brilhava uma faixa de luz.

Chegando até ela, maravilhado, viu que lá existia outro mundo, com um céu muito azul e o Sol a iluminar e a aquecer as criaturas; na água, muitos peixes coloridos e tartarugas.

Nos lindos campos floridos, destacavam-se as frágeis borboletas. Florestas exuberantes abrigavam belíssimos animais e insetos exóticos, contendo ainda diversas árvores carregadas de frutos. Os pássaros embelezavam o espaço com suas lindas plumagens.

Deslumbrado, o índio admirou aquele paraíso até o cair da noite. Entristecido ao acompanhar o pôr do sol, pensou em retornar, mas já estava escuro...

Então surgiu à sua frente outro cenário maravilhoso: uma enorme Lua nascia detrás das montanhas, clareando com sua luz de prata toda a natureza. Acima dela, multidões de estrelas faziam o céu brilhar. Quanta beleza!

E assim permaneceu, até que a Lua se foi, e surgiu novamente o Sol.

Muito emocionado, o índio voltou à aldeia e relatou as maravilhas que havia conhecido. O grande pajé kaiapó, diante do entusiasmo de seu povo, consentiu que todos seguissem outro tatu, descendo um a um pela sua cova, com uma imensa corda, até o paraíso terrestre.

Lá seria o magnífico Mundo Novo, onde todos viveriam felizes.

Iguaçu

As cataratas que surgiram do amor
Kaingang

Distribuídos em várias aldeias, às margens do sereno rio Iguaçu, os Kaingang formavam uma poderosa nação indígena. Tinham como deuses Tupã, o Deus do Bem, e M'Boy, seu filho rebelde, o Deus do Mal. Era este o causador das doenças, das tempestades, das pragas nas plantações, além dos ataques de animais ferozes e de grupos inimigos.

A fim de se protegerem do Deus do Mal, em todas as primaveras, os Kaingang ofereciam a ele uma bela jovem como esposa, que ficava impedida para sempre de amar alguém.

Apesar do sacrifício, essa escolha era para ela um privilégio, motivo de honra e orgulho.

Naípi, filha de um grande cacique, conhecida em todos os cantos por sua beleza, foi a eleita daquela vez. Feliz, aguardava com ansiedade o dia de tornar-se esposa do temido Deus do Mal. Iniciaram-se, assim, os preparativos da grande festa. Convidados chegavam de todas as aldeias para conhecê-la. Entre eles estava Tarobá, valente guerreiro, famoso e respeitado por suas vitórias.

Ocorreu que, talvez por vontade do bom Deus Tupã, Tarobá e Naípi se apaixonaram, passando a manter encontros secretos às margens do rio. Sem ser notado, M'Boy acompanhava os acontecimentos, aumentando a sua fúria a cada dia.

Na véspera da consagração, os jovens encontraram-se novamente às margens do rio. Tarobá preparou uma canoa para fugirem no dia seguinte, enquanto todos estivessem adormecidos, fatigados com as danças e festejos, e sob o efeito das bebidas fermentadas.

Iniciaram a fuga. Já a uma boa distância do local, M'Boy concretizou sua vingança. Lançou seu poderoso corpo no espaço em forma de uma enorme serpente, mergulhando violentamente nas águas tranquilas e abrindo uma cratera no fundo do rio Iguaçu. Formaram-se assim cataratas, que tragaram a frágil canoa.

Tarobá foi transformado em uma palmeira no alto das quedas, e Naípi, em uma pedra nas profundezas de suas águas. Do alto, o jovem apaixonado contempla sua amada, sem poder tocá-la. Resta-lhe apenas murmurar seu amor quando a brisa lhe sacode a fronde. Em todas as primaveras, lança suas flores para Naípi sobre as águas, como prova de amor. A jovem está sempre banhada por um véu de águas claras e frescas, que amenizam o calor de seus sentimentos.

Ainda hoje, M'Boy permanece escondido numa gruta escura, vigiando atentamente os jovens apaixonados. Conta-se que, quando o arco-íris une a palmeira à pedra, é possível vislumbrar uma luz que dá forma aos dois amantes, podendo-se ouvir murmúrios de amor e lamento.

Mandioca

O pão indígena
Tupi

Mara era uma jovem índia, filha de um cacique, que vivia sonhando com o amor e um casamento feliz. Em noites quentes, enquanto todos dormiam, deitava-se na rede ao relento e contemplava a Lua, alimentando seu desejo de tornar-se esposa e mãe. Porém, não havia na aldeia jovem algum a quem daria seu coração.

Certa noite, Mara adormeceu na rede e teve um sonho estranho. Um jovem loiro e belo descia da Lua e dizia que a amava. O sonho repetiu-se muitas vezes, e ela acabou por apaixonar-se. Entretanto, não o contou a ninguém.

O jovem, depois de haver conquistado o coração dela, desapareceu de seus sonhos, deixando-a mergulhada em profunda tristeza.

Passado algum tempo, a filha do cacique, embora virgem, percebeu que esperava um filho. Contou então a seus pais o que sucedera; a mãe deu-lhe seu apoio, mas o severo pai, não acreditando no que ouvira, passou a desprezá-la.

Para surpresa de todos, Mara deu à luz uma linda menina, de pele muito alva e cabelos tão loiros quanto a luz do luar. Deram-lhe o nome de Mandi, e na aldeia ela era adorada como uma divindade.

Pouco tempo depois, a menina adoeceu e acabou falecendo, deixando todos amargurados. Somente seu avô, que nunca aceitara a netinha, manteve-se indiferente. Mara sepultou a filha em sua oca, por não querer separar-se dela. Desconsolada, chorava todos os dias, de joelhos, diante do local, deixando cair leite de seus seios na sepultura. Talvez assim a filhinha voltasse à vida, pensava. Até que um dia surgiu uma fenda na terra de onde brotou um arbusto. A mãe surpreendeu-se, talvez o corpo da filha desejasse sair dali. Resolveu então remover a terra, encontrando apenas raízes muito brancas, como Mandi, que, ao serem raspadas, exalavam um aroma agradável.

Naquela mesma noite, o jovem loiro apareceu em sonho ao cacique, revelando a razão do nascimento de Mandi. Sua filha não mentira. A criança havia vindo à terra para ter seu corpo transformado no principal alimento indígena. O jovem ensinou-lhe como preparar e cultivar o vegetal.

No dia seguinte, o cacique reuniu toda a aldeia e, abraçando a filha, contou a todos o que acontecera. O novo alimento recebeu o nome de mandioca, pois Mandi fora sepultada na oca.

Guaraná

A *essência do fruto*
Maué

Aguiry era o indiozinho mais alegre de sua aldeia. Alimentava-se somente de frutas e, todos os dias, saía pela floresta à procura delas, trazendo-as num cesto para distribuí-las entre seus amigos.

Certo dia, Aguiry perdeu-se na mata por afastar-se demais da aldeia. Acabou por dormir na floresta, pois, ao cair da noite, não conseguiria encontrar o caminho de volta.

Jurupari, o demônio das trevas, vagava pela floresta. Tinha corpo de morcego, bico de coruja e também

se alimentava de frutas. Ao encontrar o índio ao lado do cesto, não hesitou em atacá-lo.

Os índios, preocupados com o menino, saíram à sua procura, encontrando-o morto ao lado do cesto vazio. Tupã, o Deus do Bem, ordenou que retirassem os olhos da criança e os plantassem sob uma grande árvore seca. Seus amigos deveriam regar o local com lágrimas, até que ali brotasse uma nova planta, da qual nasceria o fruto que conteria a essência de todos os outros, deixando mais fortes e mais felizes aqueles que o comessem.

A planta que brotou dos olhos de Aguiry possui as sementes em forma de olhos, recebendo o nome de guaraná.

Mumuru

A *estrela dos lagos*
Munduruku

Maraí, uma jovem e bela índia, amava muito a natureza. Passava seus dias brincando perto do lago. Com o tempo, tornou-se a companheira e melhor amiga dos peixes, aves e outros animais. À noite, contemplava a chegada da Lua e das estrelas.

Nasceu-lhe, então, um forte desejo de tornar-se uma estrela. Perguntou ao pai como surgiam aqueles pontinhos brilhantes no céu. Com grande alegria, soube que Jacy, a Lua, ouvia os desejos das moças e,

ao se esconder atrás das montanhas, transformava-as em estrelas.

A partir desse instante, Maraí esperava pela Lua todas as noites, suplicando que a levasse para o céu, bem no alto.

Muitos dias se passaram sem que a jovem realizasse seu sonho. Resolveu aguardar a chegada da Lua junto aos peixes do lago. Assim que esta apareceu, Maraí encantou-se com a imagem dela refletida na água, sendo atraída para dentro do lago, de onde não voltou.

A pedido dos peixes, pássaros e outros animais, Maraí não foi levada para o céu. Jacy transformou-a numa bela planta, ganhando o nome de Mumuru, a vitória-régia. Ela vive nos lagos e rios da Amazônia. Sua flor se abre sempre à meia-noite e tem o formato de estrela. Assim, a linda jovem tornou-se a rainha da noite, a estrela dos lagos, enfeitando ainda mais a natureza com sua beleza e perfume.

Yara

A rainha das águas
Tupi

Yara, uma jovem tupi, era a mulher mais formosa das aldeias que habitavam ao longo do rio Amazonas. Muito atraente, com longos cabelos negros, tinha um sorriso meigo e sensual.

Mantinha-se, entretanto, indiferente aos muitos admiradores, preferindo ser livre. Caminhava pela floresta e pelas areias brancas dos rios, envolvendo-se constantemente em suas águas claras. Por sua doçura, todos os animais e plantas a amavam.

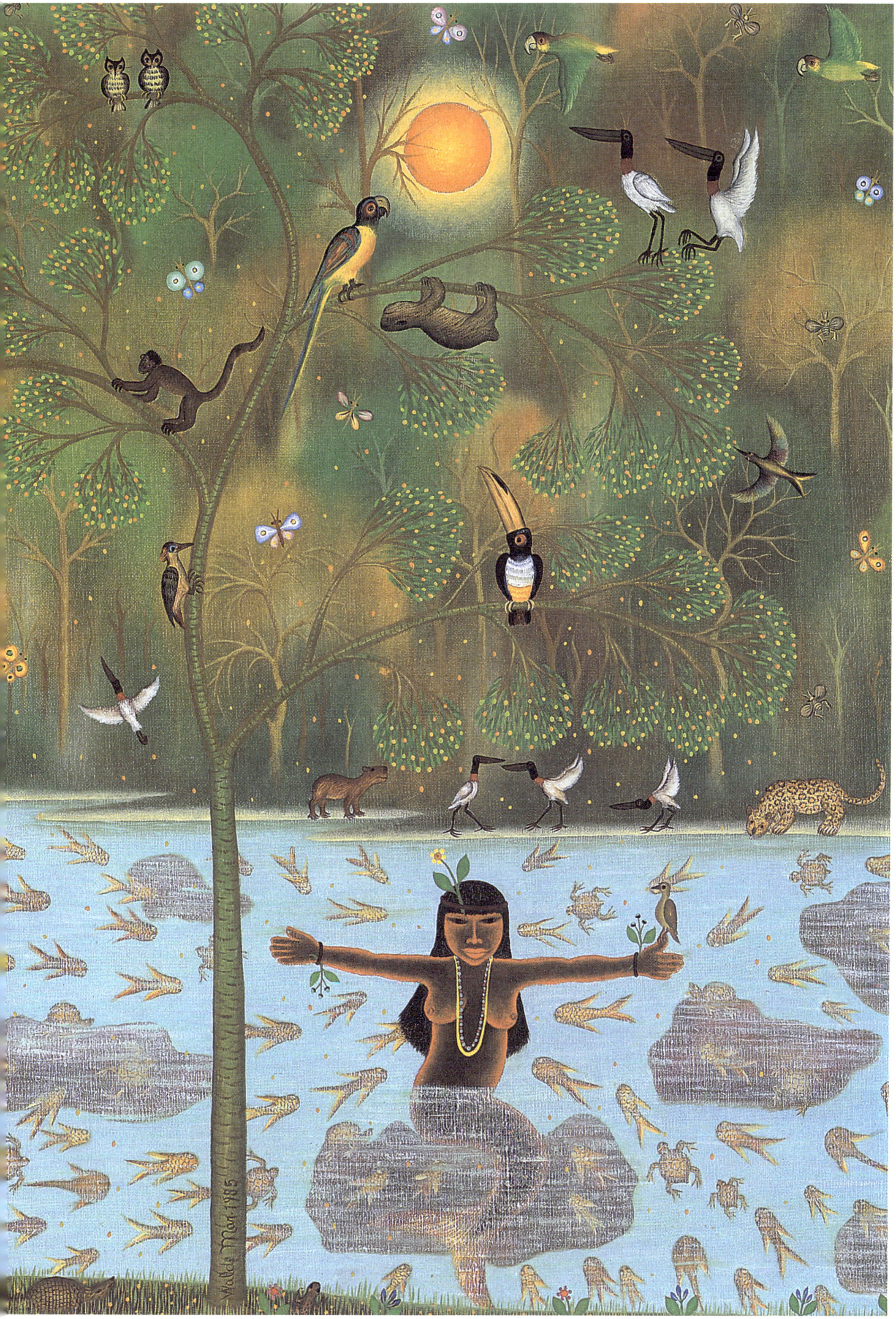
Walde Mar 1985

Numa tarde de verão, ao pôr do sol, Yara se banhava, quando foi surpreendida por um grupo de homens estranhos. Tinham longas barbas, usavam roupas pesadas, botas e chapéus. Falavam uma língua desconhecida e pareciam muito agressivos. Sem condições de fugir, a jovem foi agarrada e maltratada. Acabou por desmaiar, sendo, mesmo assim, atirada ao rio.

O espírito das águas transformou o corpo de Yara num ser duplo. Continuaria humana da cintura para cima, tornando-se peixe no restante. Assim, permaneceria bela, podendo viver no rio eternamente.

Yara passou a entender os pássaros e a conversar com eles e com os peixes. Tornou-se uma sereia cujo canto atrai os homens de maneira irresistível.

Ao verem a linda criatura, eles se aproximam dela, que os abraça e os arrasta às profundezas, de onde nunca mais voltam.

Thaina Khan

A estrela da manhã
Karajá

Imaeru, uma linda e vaidosa jovem Karajá, tinha como maior desejo possuir a estrela Thaina Khan, a estrela-d'alva – a mais brilhante da manhã. Seu pai, o velho pajé, vendo a angústia da filha, pediu ao Deus Tupã que lhe satisfizesse o desejo. Tupã concordou, mas avisou que a estrela só poderia descer à terra na forma de um homem.

Imaeru ficou radiante e, numa noite de luar, elevando seus olhos em direção aos astros, pediu à almejada estrela que descesse para desposá-la. Nesse instante,

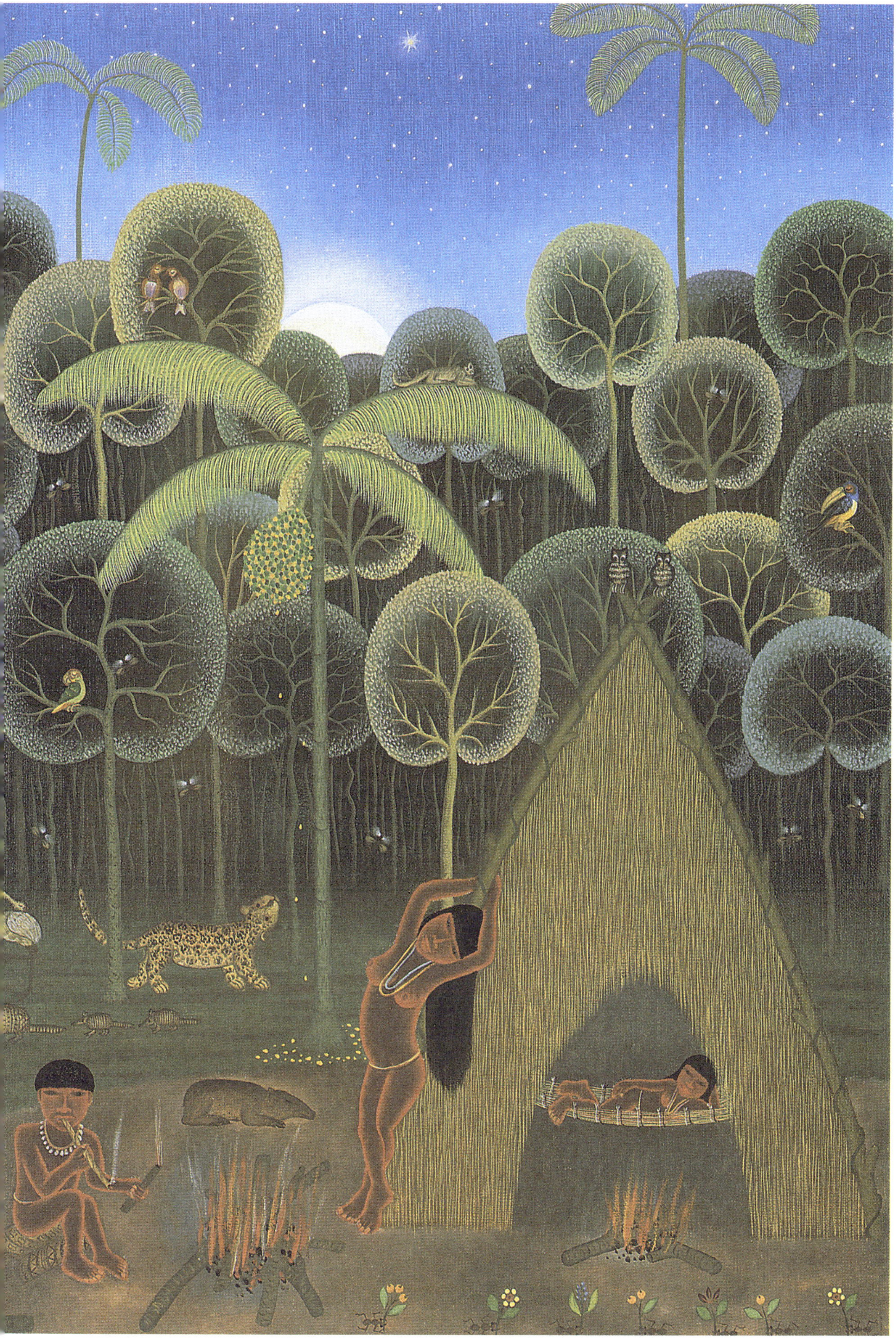

desceu do céu uma luz, surgindo à sua frente um velho: era Thaina Khan, que de lá viera para se casar com ela.

A índia, decepcionada, respondeu-lhe rudemente, alegando que, tão jovem e bela, não poderia desejá-lo. O velho entristeceu-se profundamente, lamentando seu destino, pois, da mais brilhante estrela que havia sido, transformara-se em homem, não podendo mais regressar à sua condição original.

Danace, irmã de Imaeru que os ouvira, resolveu aproximar-se e, sensibilizada com a situação do bondoso ancião, ofereceu-se para ser sua esposa. Menos bela que a irmã, mas muito meiga e generosa, passou a cuidar com muito carinho do esposo idoso. Ambos viviam felizes.

Certo dia, Thaina Khan não voltou da roça na hora de costume. Preocupada, Danace saiu à sua procura. Na mata, encontrou somente um jovem, todo iluminado. Era Thaina Khan, que Tupã havia rejuvenescido, tornando-o belo e forte, em reconhecimento à bondade da índia. Radiantes, regressaram à aldeia, abraçados.

Imaeru, ao saber do ocorrido, desejou ardentemente o jovem, mas Danace o havia conquistado para sempre. Desesperada, Imaeru desapareceu na floresta, sendo transformada por Tupã no pássaro urutau, que, em noites de luar, entoa um triste canto, lamentando haver perdido o amor de sua almejada estrela da manhã.

Cervo Berá

O troféu do amor
Tupi

Em sua aldeia, a jovem e bela Ponaim vivia em imensa liberdade. Corria feliz pelos prados e campos, amava a beleza das matas, deliciava-se nas águas dos rios e lagoas. Mas tudo isso não lhe bastava. Seu maior prazer era despertar paixões nos jovens, desprezando-os depois.

Anhurawi, forte guerreiro, por ela se apaixonou. Para pôr à prova seus sentimentos, Ponaim pediu ao rapaz que lhe trouxesse um admirável e cobiçado cervo que havia naquelas campinas, o cervo Berá, animal de rara beleza e grande agilidade. Prometeu-lhe que, então,

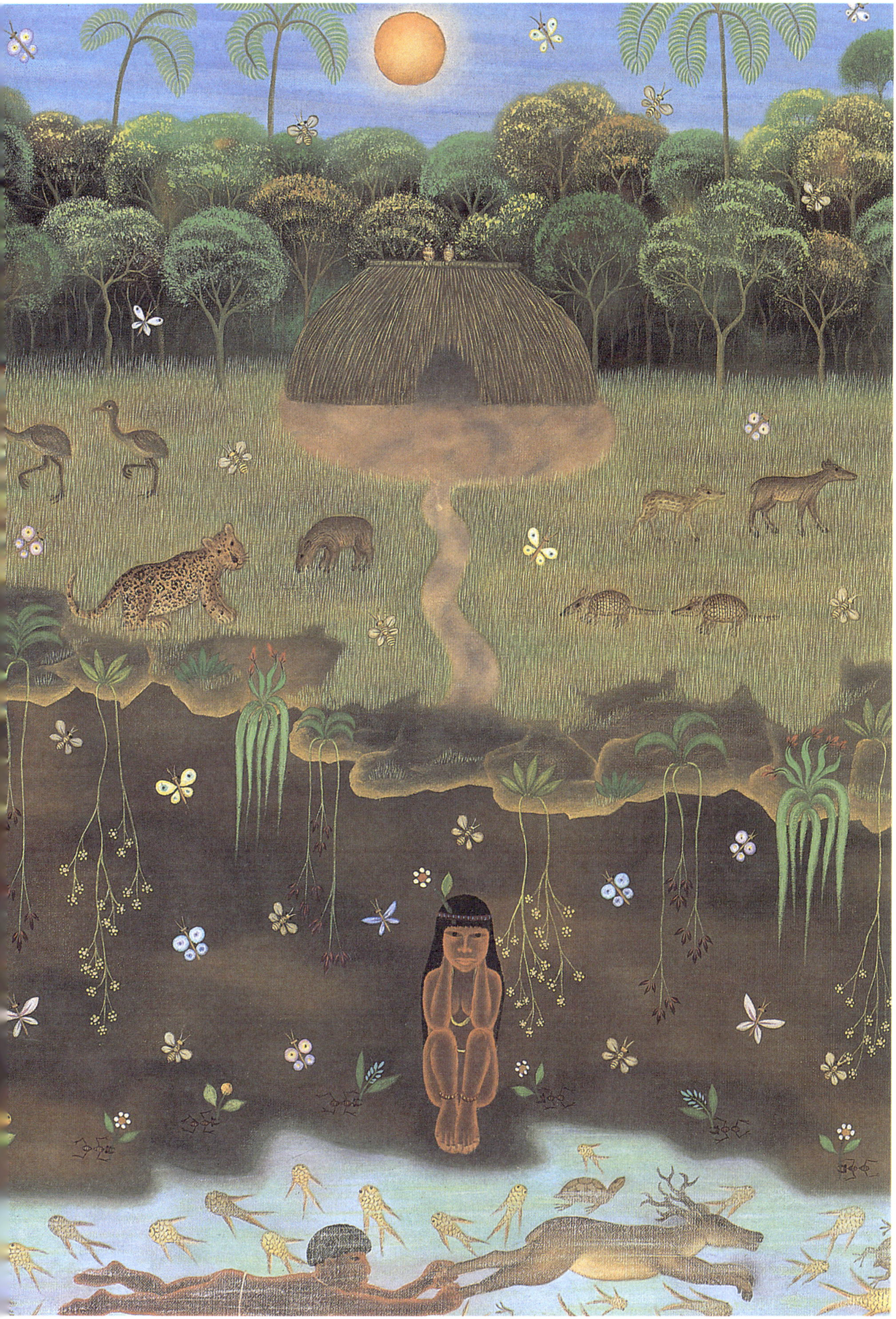

se casaria com ele e que a pele do animal seria o forro do seu leito nupcial.

Mesmo sabendo das dificuldades que encontraria, Anhurawi partiu em busca do cervo. Ao avistá-lo, o guerreiro usou de toda força e astúcia, mas não conseguiu capturá-lo. Muito veloz, o cervo fugiu em direção ao abismo da gruta do Caverá, atirando-se na lagoa Parobé. Anhurawi o seguiu e ambos acabaram desaparecendo nas águas.

Desde aquele dia, a bela Ponaim, tomada de profunda tristeza e arrependimento, caminha pela beira da lagoa e lá permanece até o anoitecer, esperando que algum dia Anhurawi volte para ela, trazendo-lhe nos braços a pele do cervo.

Irapuru

O canto que encanta
Maué

Certo jovem, não muito belo, era admirado e desejado por todas as moças de sua aldeia por tocar flauta maravilhosamente bem. Deram-lhe, então, o nome de Catuboré, flauta encantada. Entre as moças, a bela Mainá conseguiu o seu amor. Iriam se casar na primavera.

Já próximo do grande dia, Catuboré foi à pesca e não voltou mais.

Saindo a aldeia inteira à sua procura, encontraram-no sem vida, à sombra de uma árvore, mordido por uma cobra venenosa. Sepultaram-no ali mesmo.

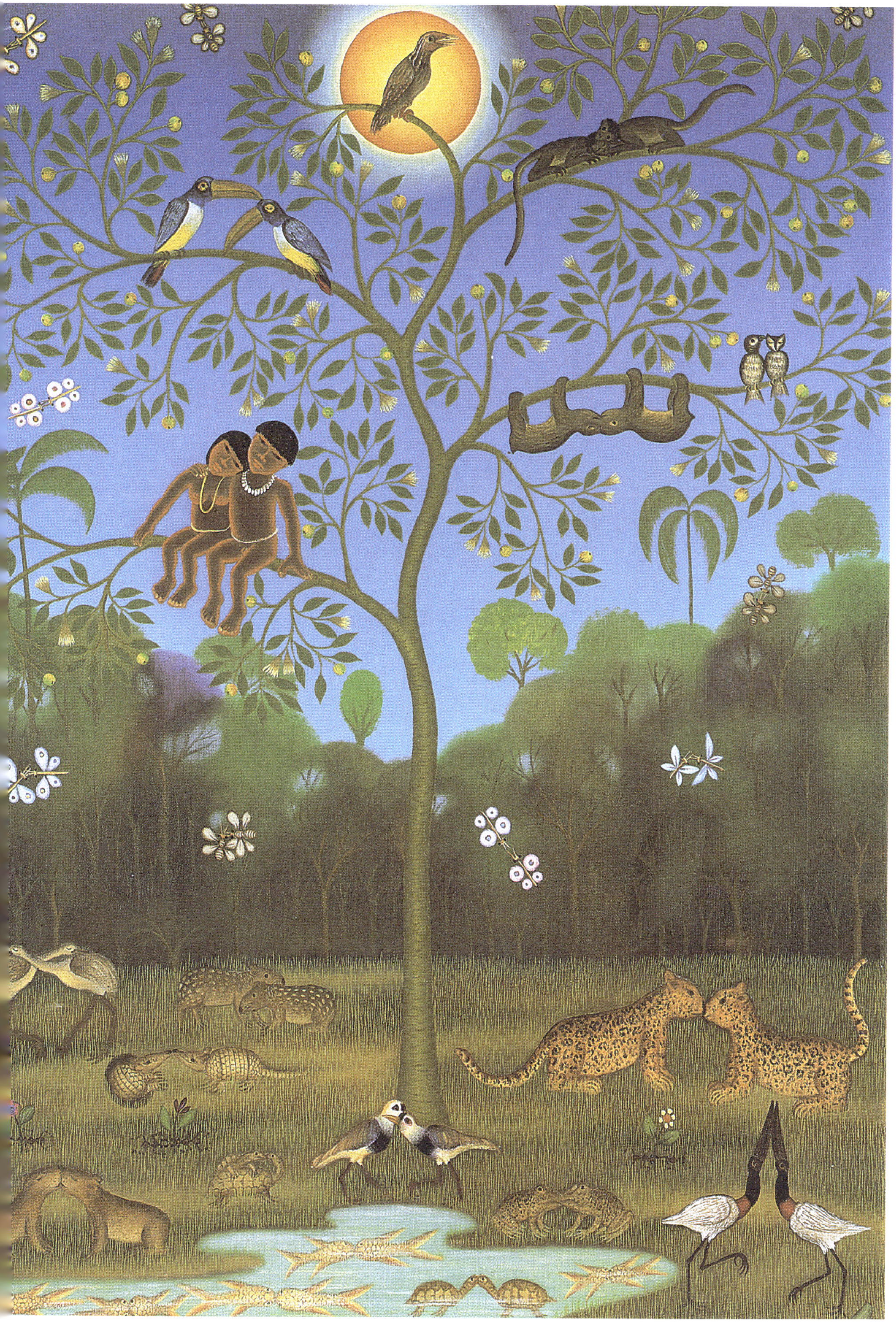

Mainá, desconsolada, passava várias horas chorando sua grande perda. A alma de Catuboré, sentindo o sofrimento da noiva, lamentava-se profundamente pelo infortúnio. Não podendo encontrar paz, pediu ajuda ao Deus Tupã. Este, então, transformou a alma do jovem no pássaro irapuru, que, mesmo com escassa beleza, possui um canto maravilhoso, semelhante ao som da flauta, para alegrar a alma de Mainá.

O canto do irapuru ainda hoje contagia, com seu amor, os outros pássaros e todos os seres da natureza.

Potyra

As lágrimas eternas
Tupi

A linda e meiga Potyra amava o jovem e valente chefe da aldeia, o guerreiro Itajibá, o braço de pedra. Ambos encontravam-se frequentemente nas areias brancas do rio, onde permaneciam durante horas admirando a natureza e trocando juras de amor, enquanto aguardavam o casamento.

Um dia, a aldeia foi atacada por inimigos, e Itajibá partiu para a luta.

Ansiosa, Potyra esperava sua volta, caminhando às margens do rio.

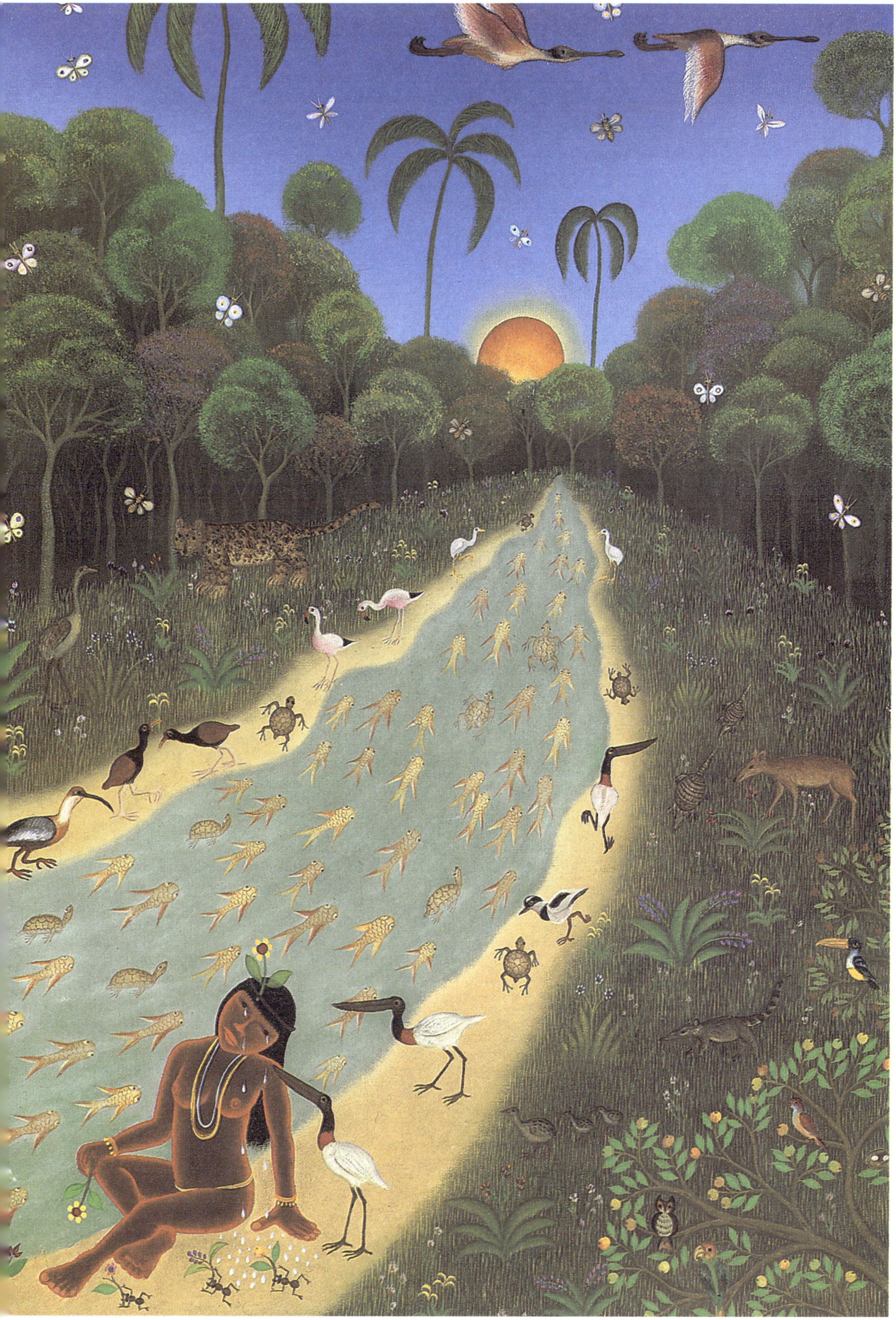

Muito tempo depois, os guerreiros regressaram, informando à jovem que o chefe guerreiro havia morrido. Inconsolável, Potyra voltava todos os dias à praia, chorando sua grande perda. Sensibilizado, Tupã, o Deus do Bem, transformou suas lágrimas em diamantes. Assim, as águas levavam as preciosas pedrinhas até a sepultura do guerreiro, como prova de seu eterno amor.

Tucumã

O surgimento da noite
Tupi

No início, não existia a noite. Essa pertencia a uma enorme serpente, que a mantinha no fundo das águas. Quando a filha da serpente se casou, exigiu que a noite fosse com ela, sem a qual não poderia se deitar. O esposo, então, enviou três mensageiros para que a trouxessem.

A serpente, senhora da noite, recebeu-os com indiferença. Mesmo assim, entregou-lhes um tucumã, lacrado com cera de abelha, dizendo-lhes que ali estava o que vieram buscar. Não deveriam, entretanto, abri-lo, pois a noite poderia escapar.

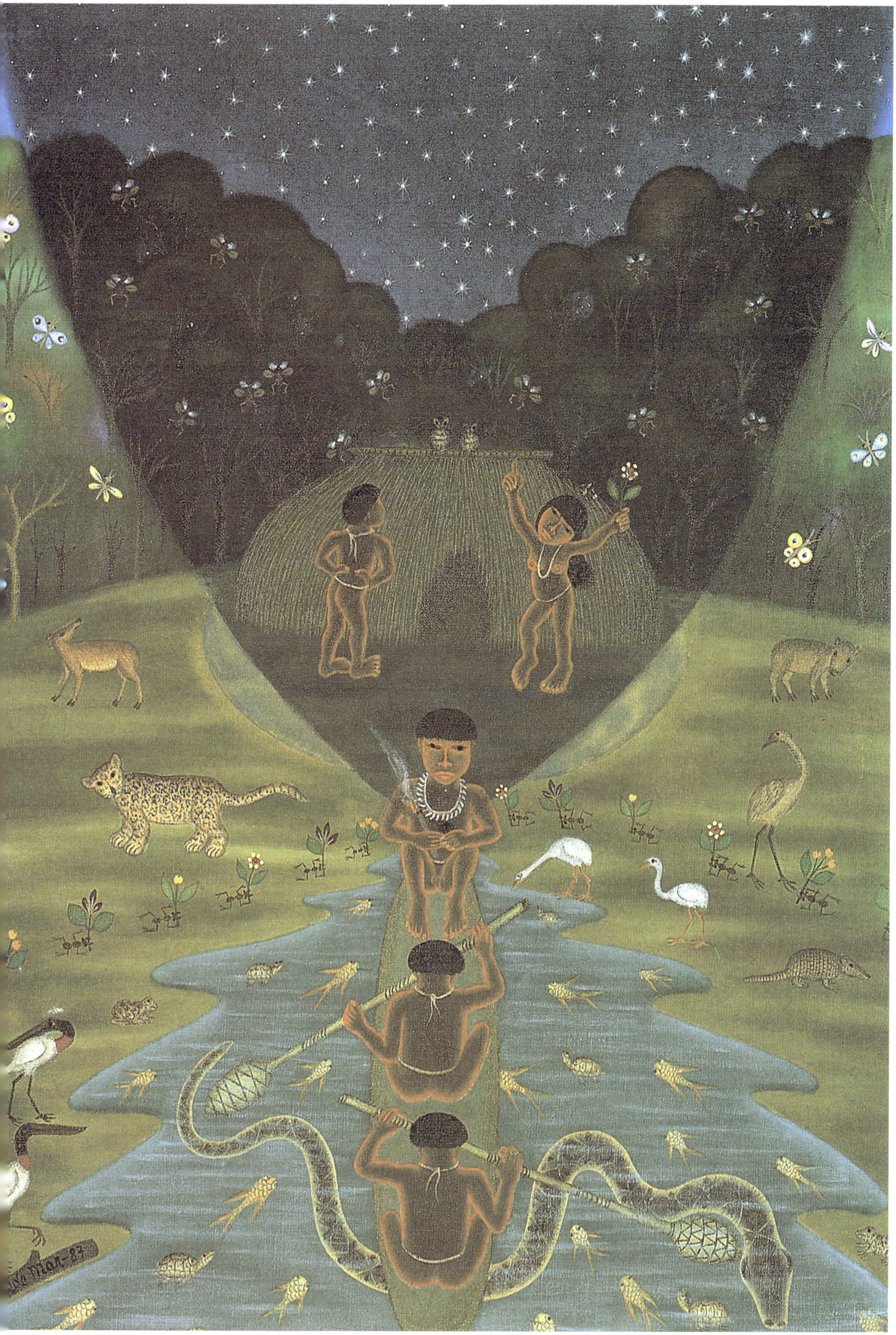

Na volta, os índios perceberam que saíam ruídos de sapos e grilos do tucumã. Um deles, o mais curioso, convenceu os companheiros a abri-lo. E assim o fizeram. Logo que derreteram a cera, a noite saiu, escurecendo o dia.

A filha da serpente aborreceu-se, pois deveria descobrir como separar o dia da noite. Assim, ao surgir a grande estrela da madrugada, criou o pássaro cujubim, ordenando-lhe que cantasse para que nascesse a manhã. Em seguida, criou o pássaro inhambu, que deveria cantar à tarde, até que viesse a noite. Criou ainda outros pássaros para alegrar o dia, diferenciando-o da noite.

Aos mensageiros desobedientes, lançou sua ira, transformando-os em macacos de boca preta – devido à fumaça usada para abrir o tucumã – e risca amarela – pela cera derretida.

Então, a filha da serpente finalmente se deitou e todos os seres puderam dormir.

Coacyaba

O primeiro beija-flor
Maué

Muitos índios do Amazonas acreditam que as almas dos mortos transformam-se em borboletas. É por esse motivo que elas voam de flor em flor, alimentando-se e fortalecendo-se com o mais puro néctar, para suportar a longa viagem até o céu.

Coacyaba, uma bondosa índia, ficara viúva muito cedo, passando a viver exclusivamente para fazer feliz sua filhinha Guanamby.

Todos os dias, passeava com a menina pelas campinas de flores, entre pássaros e borboletas. Dessa forma

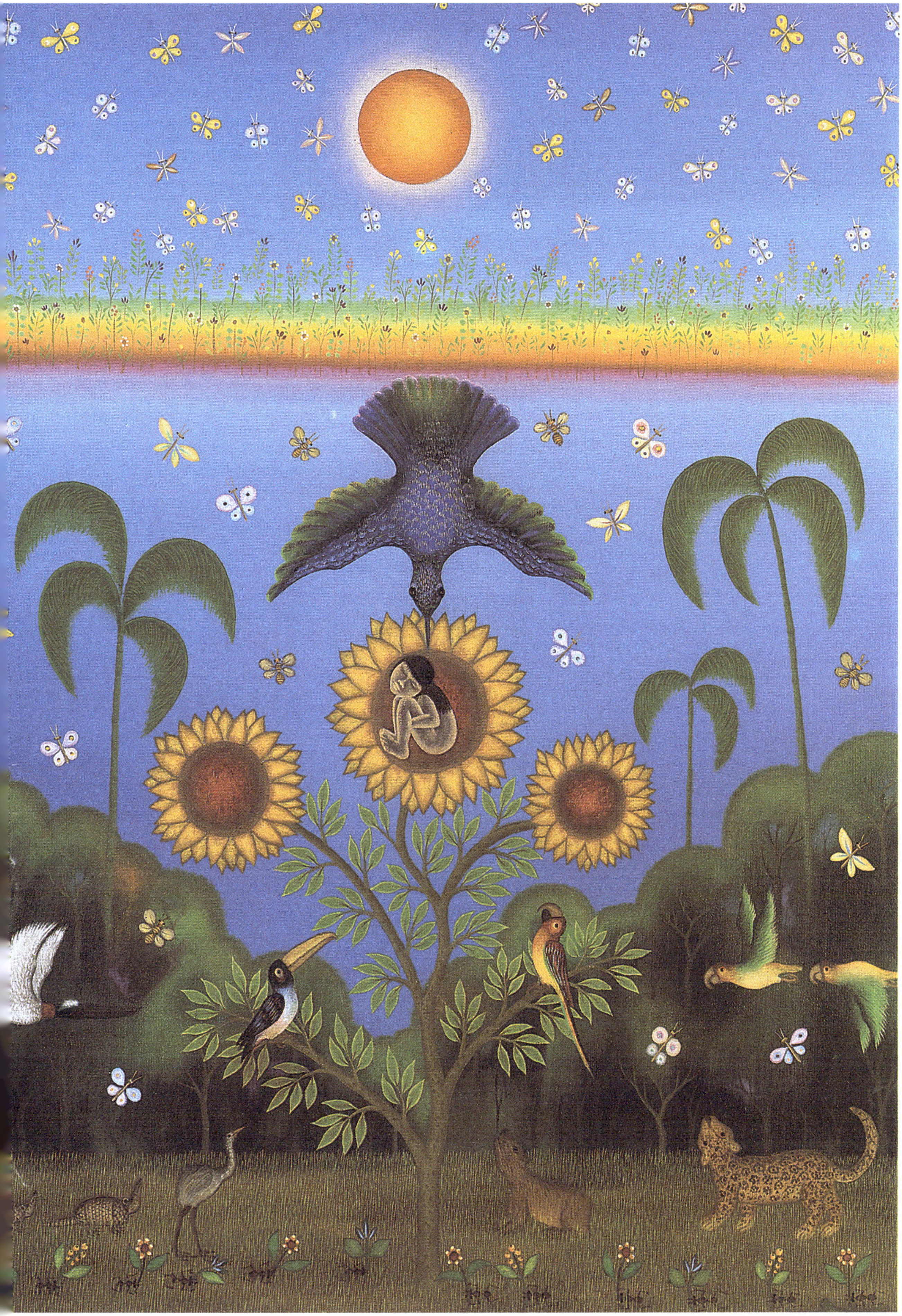

pretendia aliviar a falta que o esposo lhe fazia. Mesmo assim, angustiada, acabou por falecer.

Guanamby ficou só e seu único consolo era visitar o túmulo da mãe, implorando que também fosse levada para o céu.

De tanta tristeza e solidão, a criança foi enfraquecendo e também morreu. Entretanto, sua alma não se tornou borboleta, ficando aprisionada dentro de uma flor próxima à sepultura da mãe, para assim permanecer ao seu lado.

Enquanto isso, Coacyaba, em forma de borboleta, voava entre as flores, colhendo néctar. Ao aproximar-se da flor onde estava Guanamby, ouviu um choro triste, que logo reconheceu.

Contudo, como frágil borboleta, não teria forças para libertar a filha.

Pediu, então, ao Deus Tupã que fizesse dela um pássaro veloz e ágil, para poder levar a filha para o céu. Tupã atendeu ao pedido, transformando-a num beija-flor.

Pôde, assim, realizar o seu desejo.

Desde então, quando morre uma criança índia, órfã de mãe, sua alma permanece guardada dentro de uma flor, esperando que a mãe, em forma de beija-flor, venha buscá-la, para juntas voarem para o céu, onde viverão eternamente.

Poronominaré

O dono da terra
Baré

O velho pajé Cauará saiu para pescar, demorando muito para voltar. A filha, preocupada, resolveu procurá-lo perto das águas mansas do rio. Após muito andar, sentou-se na relva para descansar. Anoitecia e a Lua surgiu atrás das montanhas, ficando a jovem a contemplá-la. Subitamente, destacou-se do astro um vulto muito estranho que vinha em sua direção. A índia parecia hipnotizada, sendo em seguida tomada por profunda sonolência.

Naquele momento, o pajé, que havia retornado à aldeia, preocupou-se com a ausência da filha. Pegou,

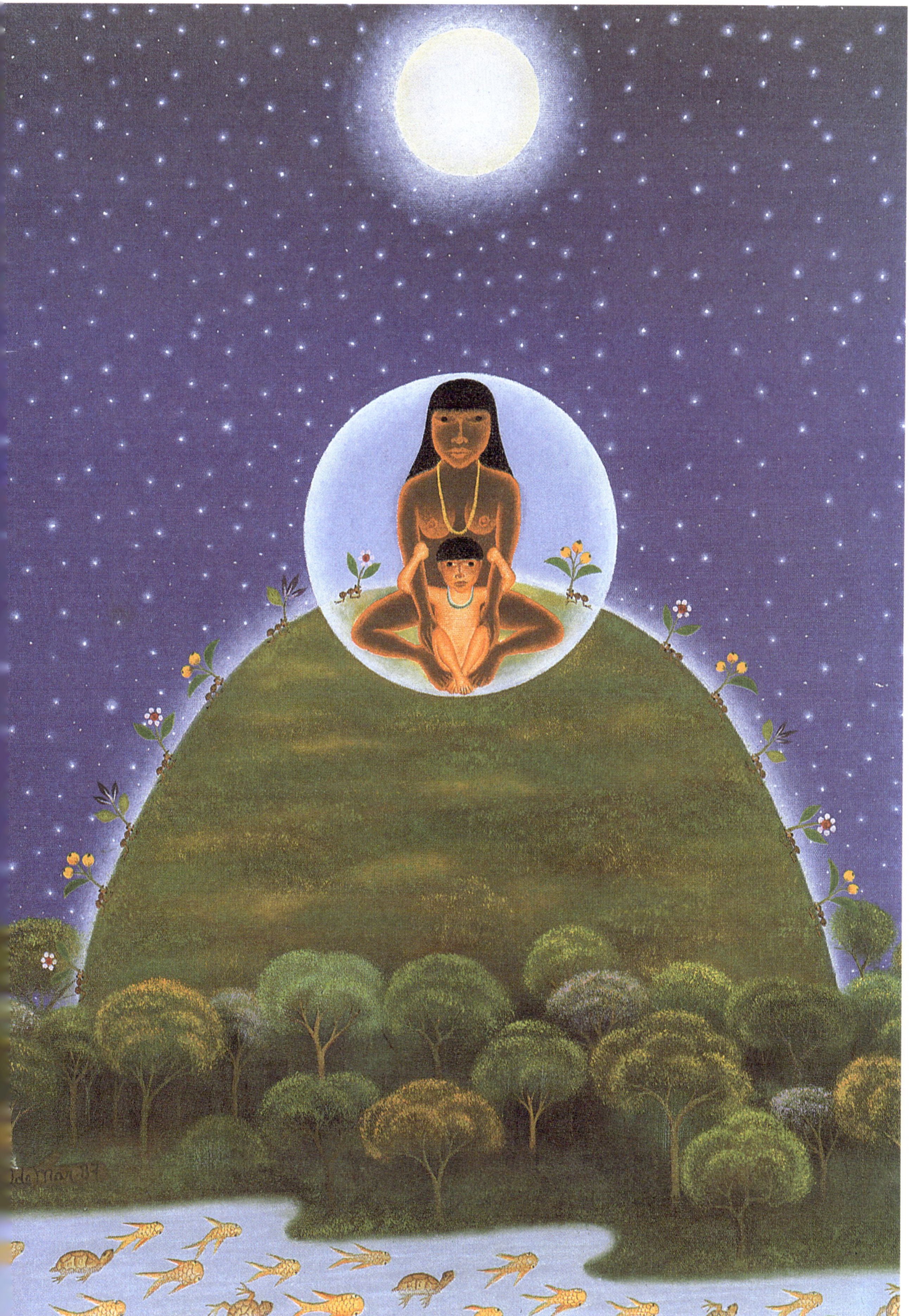

então, um pote com paricá que, inalado, lhe despertava os poderes de pajé, entrando assim em transe. Muitas sombras desfilaram diante dele; entre elas surgiu a silhueta de um homem que subia aos céus em direção à Lua. Aos poucos, outras imagens foram tomando forma humana com cabeça de pássaro, anunciando ao pajé que sua filha estava numa ilha, não muito distante dali. Imediatamente, Cauará dirigiu-se ao local revelado, encontrando a moça, enfraquecida e faminta. Voltaram à aldeia.

Passados alguns dias, a jovem, recuperada, contou ao pai um sonho impressionante: no alto da montanha ela dava à luz uma criança muito clara, quase transparente. Não havia leite em seus seios, sendo seu filho alimentado por uma revoada de beija-flores e borboletas. À sua volta, outros animais que também se encantaram com o bebê lambiam-no carinhosamente.

Algum tempo depois, a filha de Cauará notou que, embora virgem, esperava uma criança. O pajé, estranhando o fato, entrou novamente em transe. As alucinações lhe mostraram que o pai de seu neto era o homem que ele vira subir aos céus, em direção à Lua.

Numa madrugada em que os animais e os insetos pareciam agitados e felizes, nasceu, na serra de Jacamim, o neto do pajé, Poronominaré, o dono da terra. Ao ser informado do feliz acontecimento, Cauará seguiu até a montanha para conhecer o herdeiro. Surpreso, encontrou a criança com uma zarabatana nas mãos, indicando a cada animal o seu lugar na natureza. Ao cair da tarde, quando tudo já estava em pleno silêncio, ouviu-se uma cantiga feliz.

Era a mãe do dono da terra, que subia aos céus levada por pássaros e borboletas.

Xingu

A *formação das etnias*
Kamaiurá

Foi Mavutsinim quem tudo criou. Fez as primeiras panelas de barro e as primeiras armas: a borduna, o arco preto, o arco branco e a espingarda.

Tomando quatro pedaços de tronco, Mavutsinim resolveu criar as etnias Kamaiurá, Kuikuro, Waurá e Txucarramãe.

Cada uma delas escolheu um artefato, ficando os Waurá com as panelas de barro. Mavutsinim pediu aos Kamaiurá que tomassem a espingarda, mas eles preferiram o arco preto. Os Kuikuro ficaram com o arco

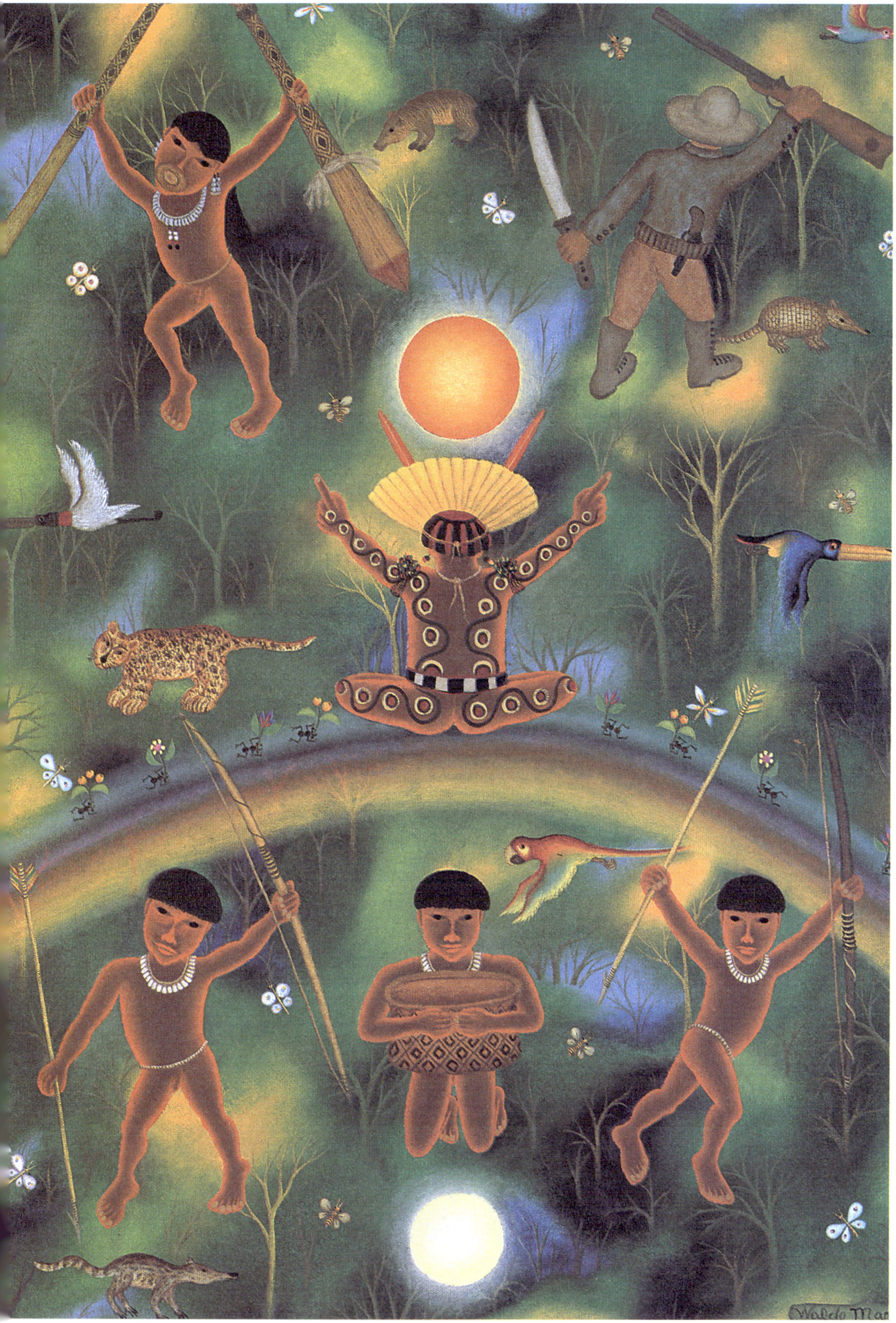

branco e os Txucarramãe preferiram a borduna. A espingarda sobrou para os homens brancos.

A população aumentou em demasia, e Mavutsinim resolveu separar os grupos. Mandou que os Txucarramãe fossem para bem longe, pois eram muito bravos. Os homens brancos foram para as cidades, bem distantes das aldeias, pois, com as armas de fogo, viviam ameaçando a vida dos outros grupos.

Dessa forma, todos puderam viver em paz.

Begorotire

O homem-chuva
Kaiapó

Begorotire era um índio feliz.

Certo dia, porém, tendo sido injustiçado na divisão da caça, ficou furioso e decidiu procurar outro lugar para viver.

Cortou o cabelo da esposa e da filha, pintando toda a família com uma tintura azul que havia retirado do fruto do jenipapo. Pegou um pedaço de madeira pesada e resistente, fazendo a primeira borduna kaiapó, com o cabo trançado em preto e a ponta tingida com sangue da caça.

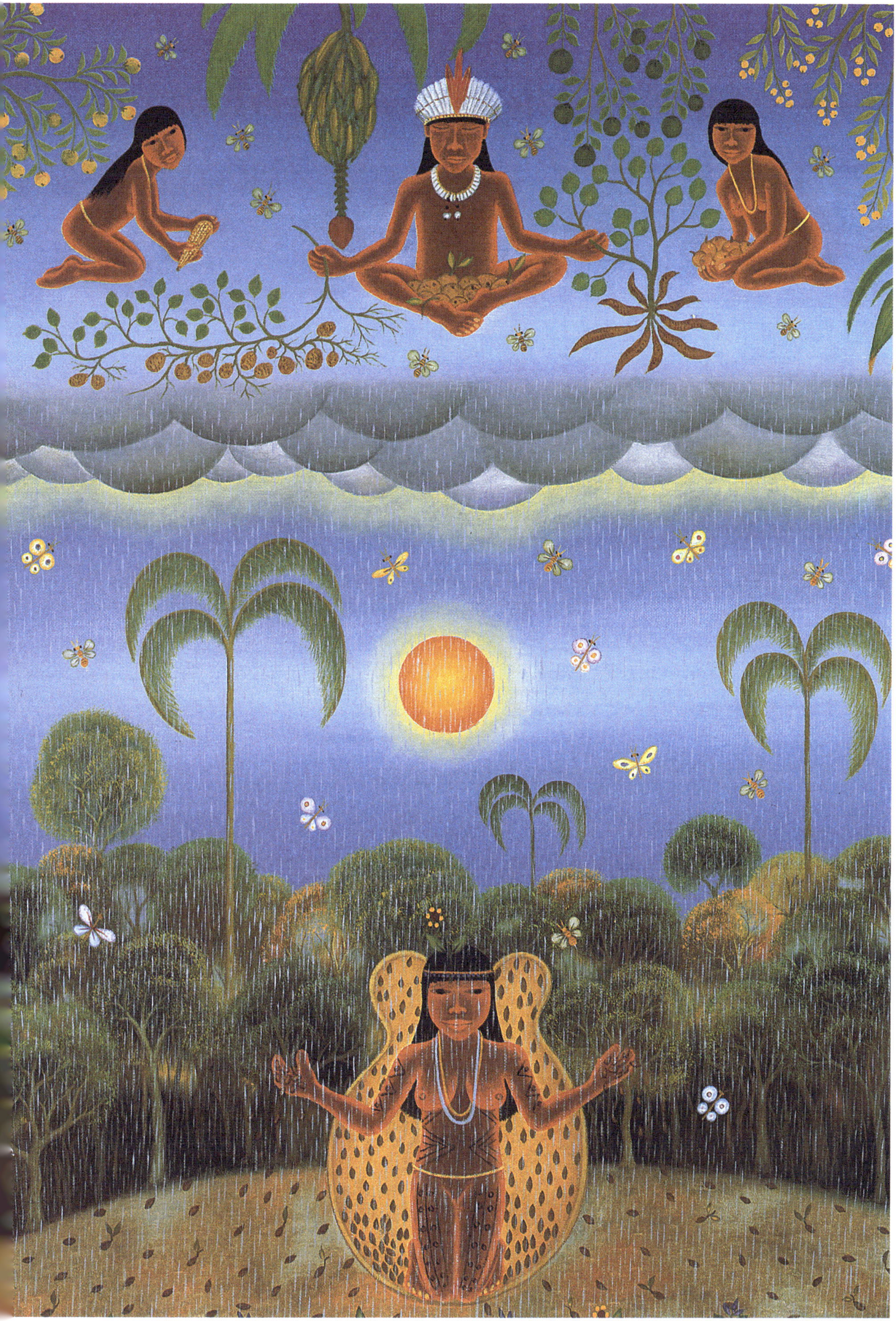

Chegou, então, ao alto de uma montanha, levando sua arma, e começou a gritar. Seus gritos soaram como fortes trovões. Girou fortemente a borduna no ar e, de suas pontas, saíram relâmpagos. Em meio ao barulho e às luzes, Begorotire subiu aos céus.

Os índios, assustados, atiraram suas flechas, mas nada conseguiu impedir que Begorotire desaparecesse no firmamento. As nuvens, também assustadas, derramaram chuva. Por isso, Begorotire tornou-se o homem-chuva.

Tempos depois, levou toda a família para o céu, onde nada lhes faltava, e de lá muito fez para ajudar os que tinham ficado na terra.

Juntou sementes de suas fartas roças e secou-as sobre o jirau, entregando-as depois a uma filha, para levá-las à terra. A índia desceu dentro de uma enorme cabaça amarrada a uma longa corda, tecida com as próprias ramas do vegetal.

Um dia, caminhando pela floresta, um jovem encontrou a cabaça, amarrou-a com cipós e pedaços de madeira e, com a ajuda dos amigos, levou-a para a aldeia.

A mãe do jovem, abrindo a cabaça, encontrou a índia, a filha da chuva, que estava magra e com cabelos longos, por ter permanecido dentro da cabaça por muito tempo.

A jovem, retirada da cabaça e alimentada, teve seus cabelos aparados. Ao ser indagada, a filha da chuva explicou por que viera. Ela entregou as sementes enviadas por seu pai, o que deixou a todos muito feliz.

O jovem que encontrou a cabaça casou-se com a moça, que passou a morar novamente na terra. Com o tempo, ela resolveu visitar os pais.

Pediu ao esposo que vergasse um pé de pindaíba, trazendo a copa até o chão, e sentou-se sobre ela. Ao soltarem a árvore, a índia foi lançada ao céu.

Ao retornar, trouxe consigo toda a família e cestos repletos de bananas e outros frutos silvestres.

Begorotire ensinou a todos como cultivar as sementes e cuidar das roças, regressando depois ao seu novo lar.

Até hoje, quando as plantas necessitam de água, o homem-chuva provoca trovões, fazendo a chuva cair sobre as roças para mantê-las sempre verdes e fartas.

O menino e a onça

Como os Kaiapó conquistaram o fogo
Kaiapó

Há muito, muito tempo, os índios não conheciam o fogo, alimentando-se de polpa de madeira, frutos silvestres e carne, que preparavam sobre pedras aquecidas pelo sol.

Certo dia, dois meninos kaiapós caminhavam pela floresta, quando um deles percebeu, sobre um rochedo, um ninho de araras-vermelhas. Pediu ajuda ao companheiro para encostar um tronco na rocha, conseguindo assim alcançar o ninho. Mas, ao subir, esbarrou numa pedra, que caiu e feriu o amigo. Com raiva, o menino

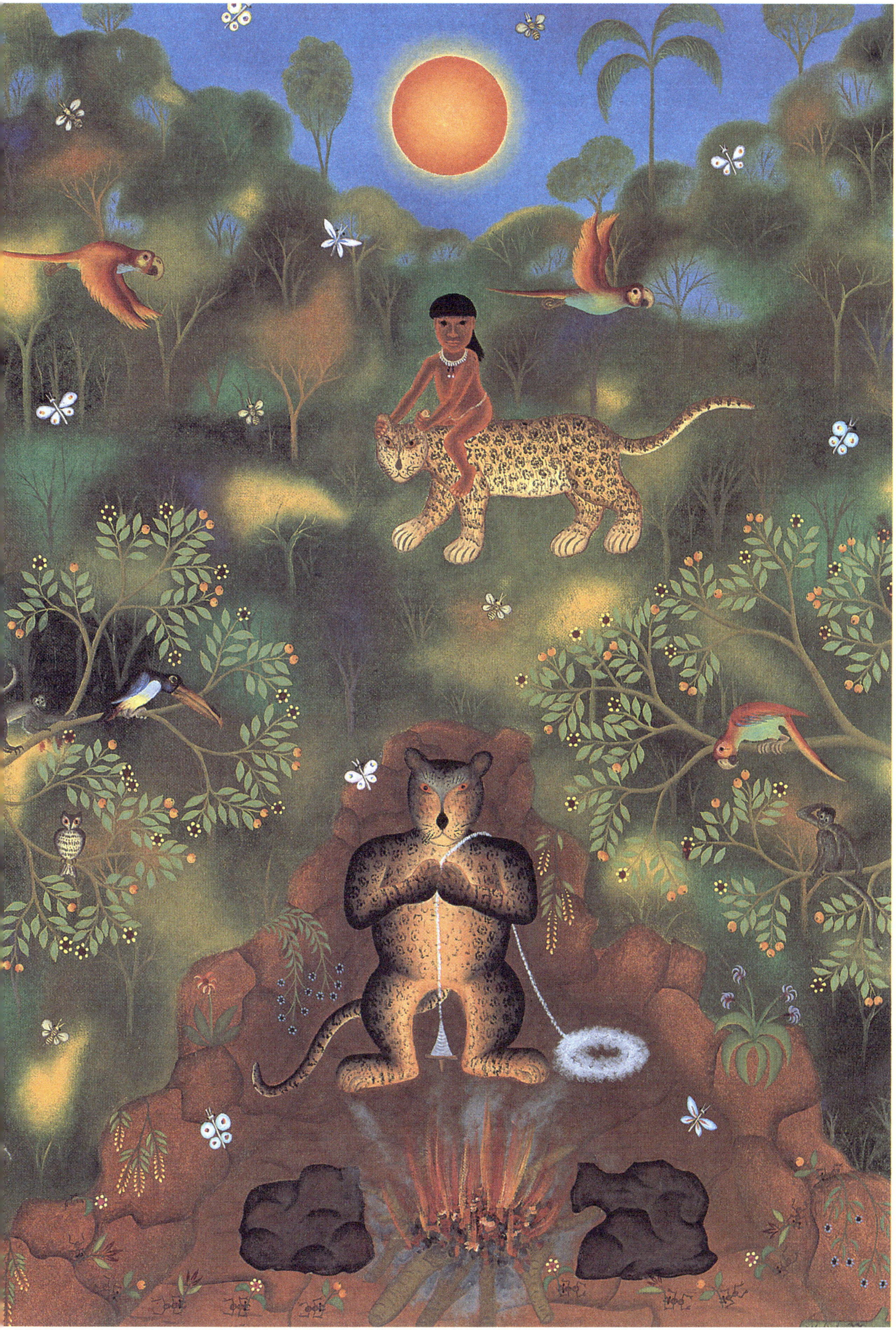

atingido tirou dali o tronco, deixando o outro sem meios para descer.

Após algumas horas, apareceu no local uma onça macho. Ao ver a sombra do menino, a onça pôde localizá-lo sobre o rochedo, ao lado do ninho das araras-vermelhas, pássaros que sabiam carregar o fogo. Em troca de ajuda, a onça pediu ao menino que lhe jogasse os filhotes. Concordando com a proposta, o índio pôde finalmente descer.

Por haver permanecido muito tempo exposto ao calor, o menino ficou muito corado, fazendo a onça crer que se tratava do filho do Sol. Convidou-o para conhecer sua toca, onde a onça fêmea passava o dia assando carne ao fogo e fiando algodão. Apresentou-o a ela, pedindo que o tratasse muito bem, e saiu em seguida para caçar. A onça fêmea, entretanto, pôs-se a ameaçá-lo, rugindo e lhe mostrando os dentes.

Ao tomar conhecimento disso, a onça macho resolveu ensinar o menino a usar o arco e a flecha para que pudesse se proteger. No dia seguinte, assim que o macho saiu, a fêmea tentou atacar o índio, que, com muita habilidade, matou a inimiga à primeira flechada.

Ao voltar, a onça macho soube o que ocorrera, aprovando e elogiando o menino por ter aprendido tudo. Pediu-lhe que voltasse à sua aldeia, levando um fuso e uma tocha, e cuidasse para que a tocha não se apagasse.

Regressando aos seus, o indiozinho os ensinou a usar o fogo e depois a fiar o algodão.

Em comemoração, fizeram uma grande festa, na qual o biju, a mandioca, a carne e o peixe foram preparados ao fogo. Este se manteve aceso por muito tempo, sempre alimentado com lenha seca.

Certo dia, porém, a chuva apagou a chama, deixando todos muito tristes. Então, Begorotire, o homem-chuva, desceu do céu para ensinar-lhes a produzir fogo com dois pedaços de madeira: segurando, com os pés, as extremidades de um deles, que deveria ter um orifício no centro, fariam girar entre as mãos o outro, encaixado no primeiro, até o fogo surgir.

Nesse dia, voltou a alegria entre os índios Kaiapó.

Mavutsinim

O primeiro homem
Kamaiurá

No princípio, só existia Mavutsinim, que vivia sozinho na região de Morená. Não tendo família nem parentes, possuía para si o paraíso inteiro.

Um dia sentiu-se muito, muito só. Usou, então, de seus poderes sobrenaturais. Transformou uma concha da lagoa em uma linda mulher e casou-se com ela.

Tempos depois, nasceu seu filho. Mavutsinim, sem nada explicar, levou a criança à mata, de onde não mais retornaram. A mãe, desconsolada, voltou para a lagoa, transformando-se novamente em concha.

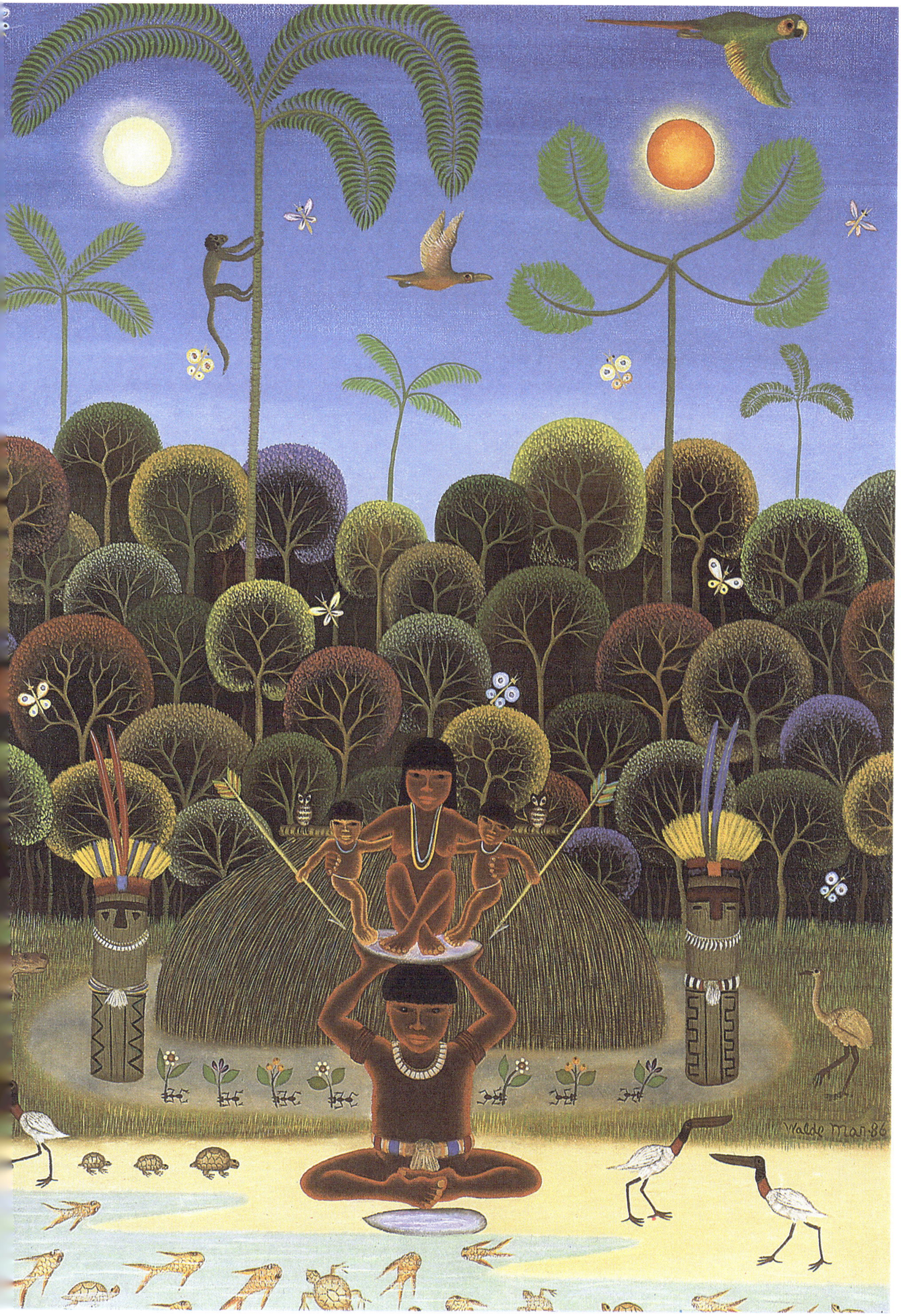
Walde Mar 86

Apesar de ninguém ter visto a criança, os índios acreditam que, do filho de Mavutsinim, tenham se originado todos os povos indígenas.

Foi também Mavutsinim quem criou, de um tronco de árvore, a mãe dos gêmeos Sol-Kuát e Lua-Iaê, responsáveis, antes de se tornarem astros, por vários acontecimentos importantes na vida dos xinguanos.

O primeiro Kuarup

A *festa dos mortos*
Kamaiurá

Mavutsinim, o grande pajé, desejava fazer que os mortos revivessem e voltassem ao convívio de seus familiares.

Cortou dois troncos e deu-lhes a forma de um homem e de uma mulher, pintando-os e adornando-os com colares, penachos e braçadeiras de plumas. Cravou-os no centro da aldeia.

Preparou então uma festa e distribuiu alimentos a todos os índios, para que a festa não fosse interrompida. Pediu aos membros da aldeia que cobrissem seus

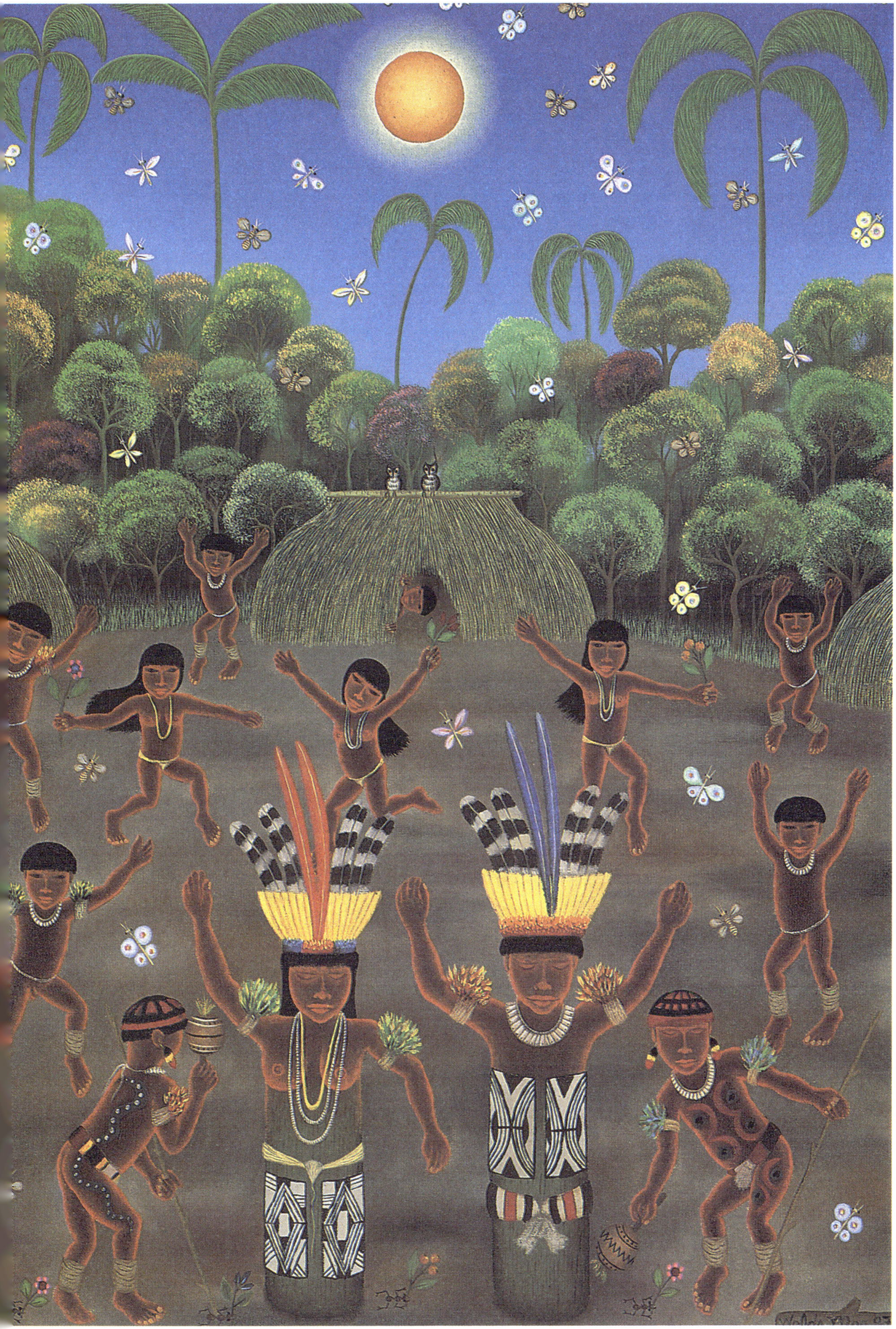

corpos com uma pintura que expressasse apenas alegria, pois aquela seria uma cerimônia em que, ao som do canto dos *maracá-êp*, os mortos iriam reviver: os *kuarups* criariam vida.

A festa já durava dois dias, os índios cantavam e dançavam. Mas foram proibidos pelo pajé de olharem para os troncos. Aguardariam de olhos fechados a grande transformação.

À noite, as toras começaram a se mover, tentando sair das covas onde foram colocadas.

Ao amanhecer, já eram metade humanas, modificando-se constantemente.

Mavutsinim pediu então aos índios que se aproximassem dos *kuarups* sem parar de festejar, cantando, rindo e dançando.

Contudo, os que haviam passado a noite com mulheres não poderiam participar da cerimônia. Um desses, porém, movido pela curiosidade, desobedeceu às ordens do pajé e aproximou-se, quebrando o encanto do ritual. Assim, os *kuarups* voltaram à sua forma original de troncos.

Contrariado, Mavutsinim declarou que, a partir daquele instante, os mortos não mais reviveriam no ritual do *Kuarup*. Haveria somente a festa. Ordenou que os troncos fossem retirados da terra e lançados ao fundo das águas, onde permaneceriam para sempre.

Kuát e Iaê

A conquista do dia
Kamaiurá

No princípio, só havia a noite. Os irmãos Kuát e Iaê – o Sol e a Lua – já haviam sido criados, mas não sabiam como conquistar o dia. Este pertencia a Urubutsim, o chefe dos pássaros.

Os irmãos elaboraram um plano para capturá-lo. Construíram um boneco de palha em forma de anta, no qual depositaram detritos para que surgissem algumas larvas.

Pedindo a ajuda das moscas, elas voaram até as aves, anunciando o grande banquete que havia por lá, e

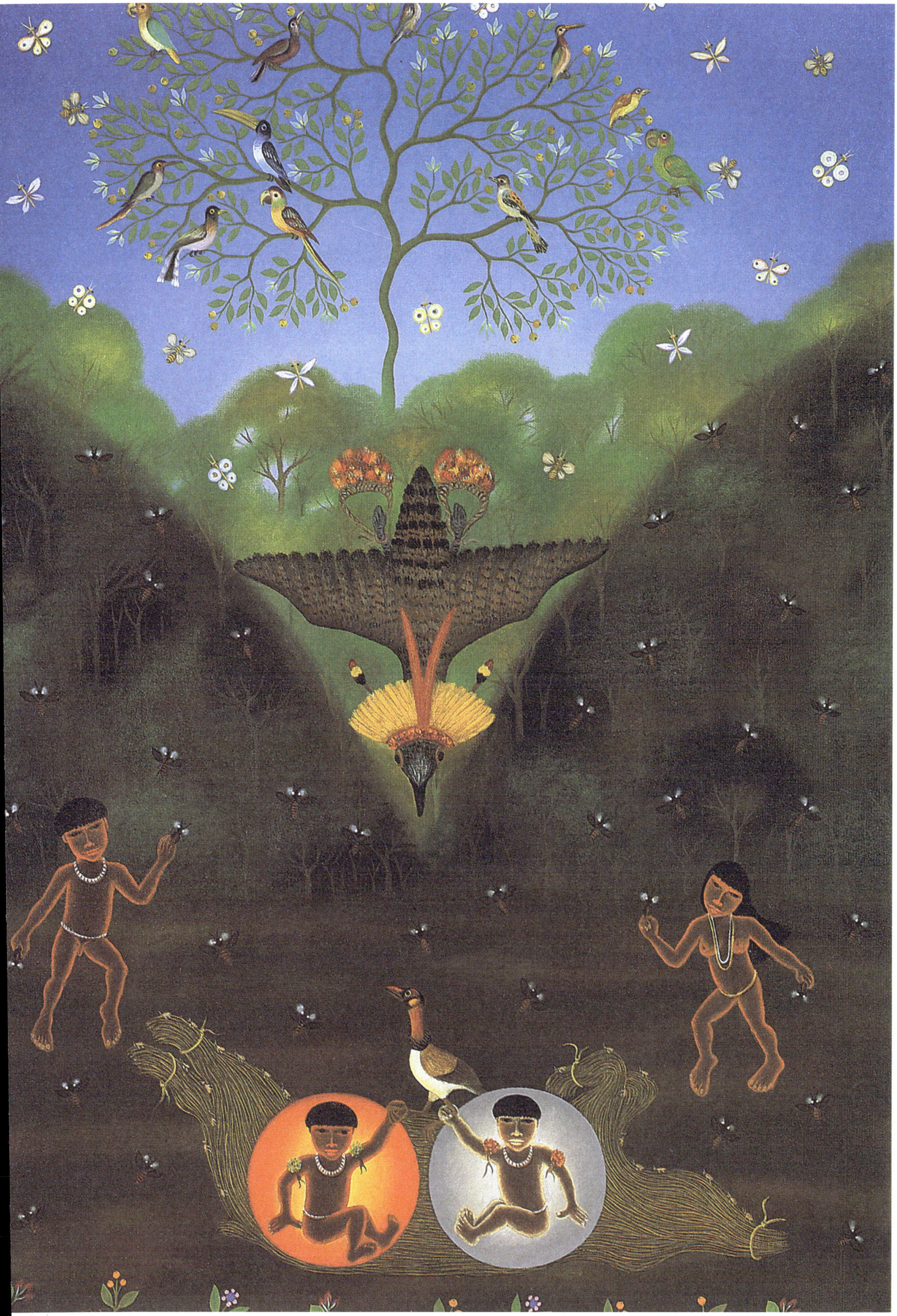

levaram também um pouco daquelas larvas, seu alimento preferido, para convencê-las. E tudo ocorreu conforme Kuát e Iaê haviam previsto.

Ao notarem a chegada de Urubutsim, os irmãos agarraram-no pelos pés e o prenderam, exigindo que lhes entregasse o dia em troca da liberdade. O prisioneiro resistiu muito tempo, mas acabou cedendo. Urubutsim solicitou ao amigo jacu que se enfeitasse com penas de arara-vermelha, canitar e brincos, voasse à aldeia dos pássaros e trouxesse o que os irmãos queriam.

Pouco tempo depois, descia o jacu com o dia, deixando atrás de si um magnífico rastro de luz, que lentamente tudo iluminou. O chefe dos pássaros foi libertado e, desde então, pela manhã, surge radiante o dia, que, à tarde, vai se esvaindo, até o anoitecer.

Igaranhã

A canoa encantada
Kamaiurá

Um índio kamaiurá construiu uma canoa com a casca do jatobá. Ao terminá-la, deixou-a na mata e foi encontrar sua mulher, que há pouco dera à luz.

Alguns dias depois, voltou ao lugar onde havia deixado a canoa, mas não a encontrou. Entristeceu-se e, pensativo, tentou imaginar o que havia ocorrido. Talvez a tivessem roubado ou algum animal a tivesse destruído. Como poderia pescar agora?

Absorto em seus pensamentos, adormeceu. Despertou com um ruído. Foi grande o seu espanto ao perceber

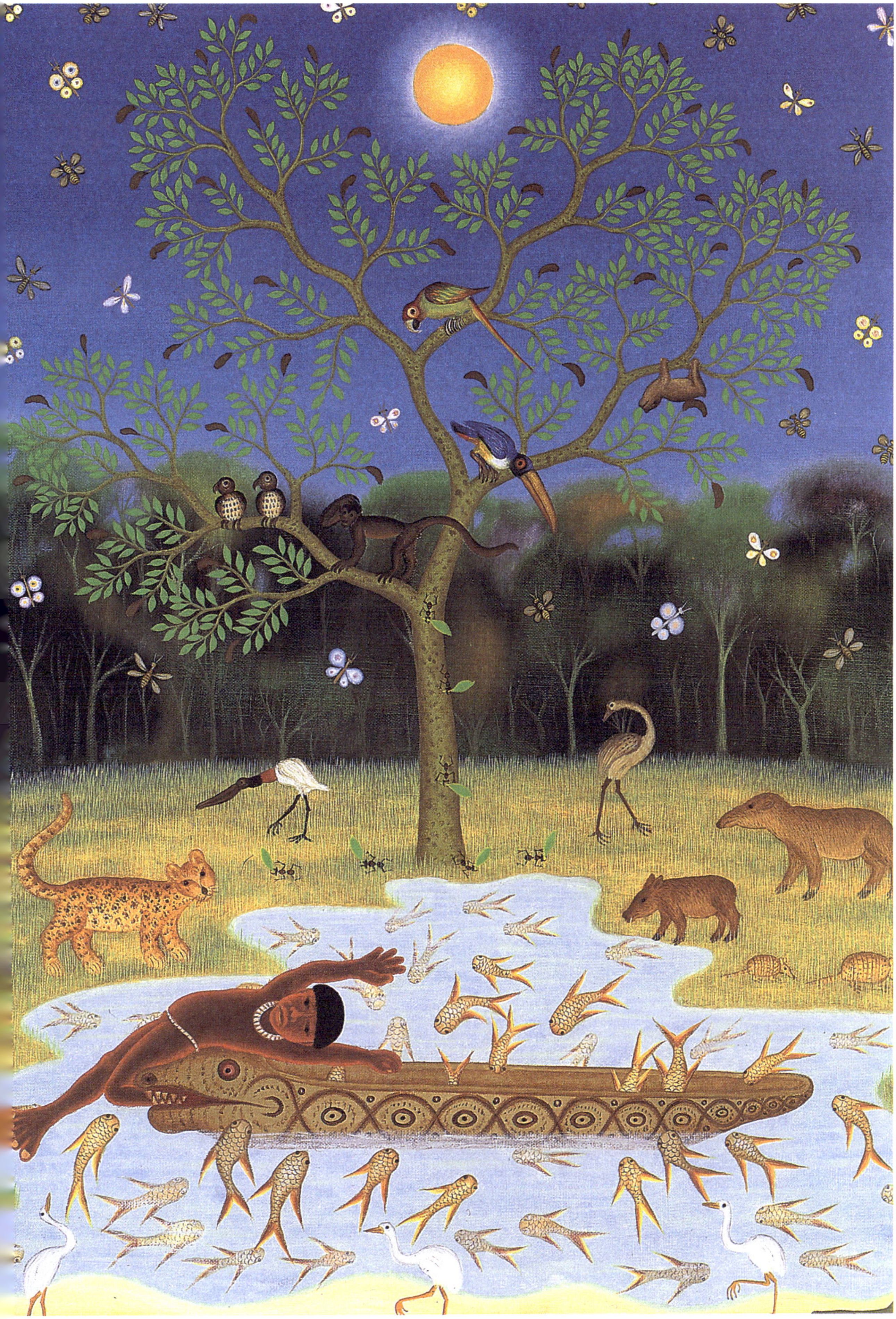

que, em sua direção, movimentava-se lentamente, sozinha, a canoa que ele construíra. Ela criara vida e tinha olhos na proa. Talvez houvesse se transformado em um animal, pensou. Deu-lhe, então, o nome de Igaranhã, o jacaré.

Entrou na canoa, ordenando-lhe que seguisse em direção ao lago. Assim que Igaranhã tocou a água, cobriu-se com muitos peixes, dos mais variados tipos, cores e tamanhos, que saltavam sem cessar para dentro da embarcação. Os primeiros, a própria canoa devorou, ficando, no entanto, a maior parte para o índio.

À sua mulher, maravilhada, falou apenas que havia encontrado um ótimo lugar para pescar.

Dias depois, retornando ao local, nada encontrou novamente. Como da primeira vez, a canoa surgiu da mata, dirigindo-se ao lago. Contudo, o índio, ambicioso, recolheu rapidamente os peixes, sem deixar a Igaranhã sua parcela do alimento. A canoa, então, faminta e muito contrariada, devorou o índio.

Arutsãm

O sapo astucioso
Kamaiurá

O sapo Arutsãm foi ao encontro de seu cunhado onça, para dele tomar emprestado um arco e uma gaita de bambu.

Aproximando-se do território dele, foi alertado por outros animais do perigo que estava correndo. Mesmo assim, prosseguiu.

A onça mostrou-se gentil ao recebê-lo, convidando-o para um banho no lago, cuidando, porém, para que sempre caminhasse atrás do convidado. Arutsãm, desconfiado, manteve-se atento.

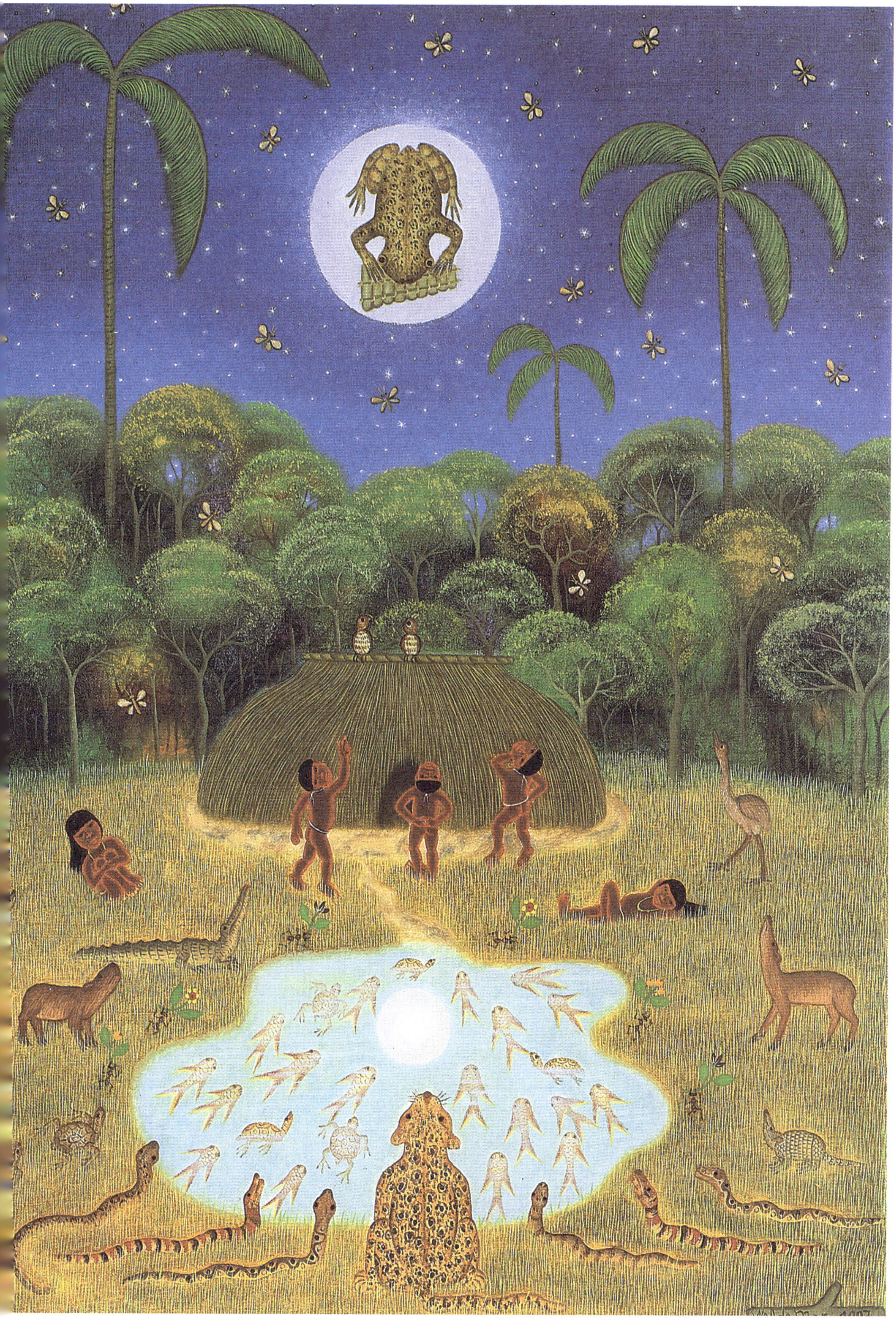

Ao anoitecer, a onça esperou ansiosa que o cunhado adormecesse, aguardando o momento ideal para devorá-lo.

Arutsãm, entretanto, passou, sobre seus olhos, a parte fosforescente de um vaga-lume, ludibriando assim a onça, que imaginou que ele estivesse acordado e não ousou atacá-lo.

No dia seguinte, já de posse do arco e da gaita de bambu, o sapo Arutsãm despediu-se, agradecido, de seu anfitrião.

Esperto que era, espalhou formigas no caminho, que, atacando a onça, faziam com que ela batesse as patas no chão, acusando sua proximidade.

Arutsãm seguia o seu caminho, passando pelo território das serpentes, a quem seu inimigo incansável pedira que o apanhassem. O astuto sapo atraiu-as até o lago, saltando velozmente para a outra margem, escapando à sua perseguição.

Alcançando a aldeia das cobras, apressou-se em quebrar todas as suas panelas de barro. Ao verem o estrago, as fêmeas o perseguiram enfurecidas.

Nesse momento, Arutsãm partiu para seu grande salto: como num toque mágico, pulou para a Lua, onde, zombeteiro, está eternamente a tocar sua gaita de bambu.

Ainda hoje, em noites claras, a onça contempla a Lua, lamentando o fracasso do seu plano.

Sinaá

Inundação e fim do mundo
Kamaiurá

Sinaá, o pajé Juruna mais poderoso, era filho de mãe índia e pai onça. Do felino herdara o poder de enxergar também pelas costas, o que lhe permitia observar tudo o que se passava ao seu redor. Caminhava com sua gente por toda a região, ensinando seus companheiros a serem bons e bravos.

Seu povo alimentava-se de farinha de mandioca, raspa de madeira, jabutis e sucuris.

Certa vez, uma enorme sucuri foi capturada e queimada por haver devorado diversos índios.

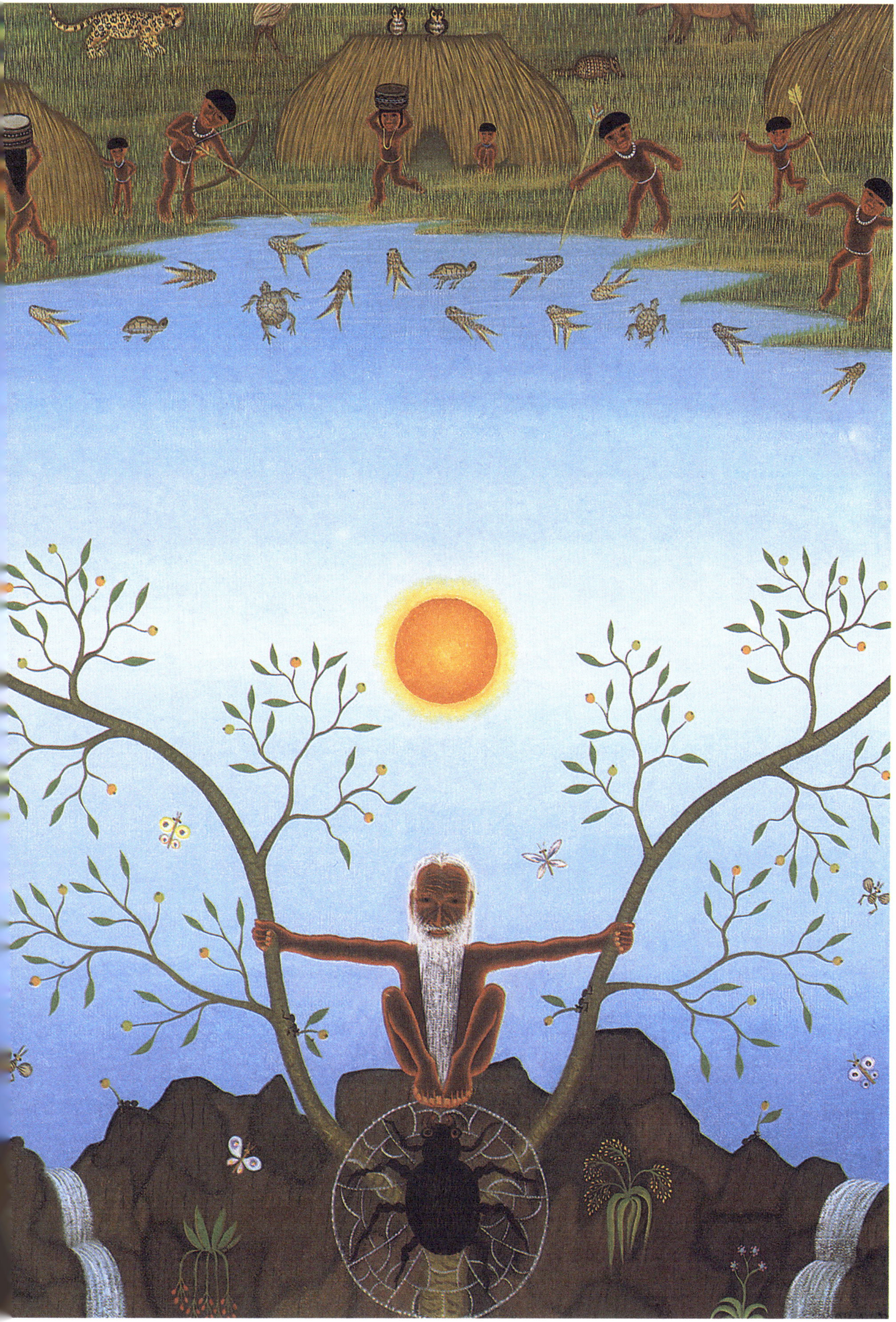

Inesperadamente, brotaram de suas cinzas diversas espécies de vegetais, como a mandioca, o milho, o cará, a abóbora, a pimenta, e algumas plantas frutíferas, até então desconhecidas.

Foi um pássaro surgido do céu que os ensinou a utilizar e preparar tais alimentos e também a fazê-los multiplicar-se. A partir daquele dia, fartas roças se formaram.

Para garantir o sustento de seu povo, Sinaá, por causa das fortes chuvas e da ameaça de grande inundação, construiu uma imensa canoa, onde plantou mudas de cada espécie.

Em poucos dias o rio transbordou e a enchente cobriu toda a região, mas o grande pajé conseguiu livrar seu povo da fome.

Já mais velho, Sinaá casou-se com uma aranha, que lhe teceu novas vestes para melhor abrigá-lo. Chegando a idade bastante avançada, já ostentava longas barbas brancas.

Contudo, seus poderes permitiam-lhe remoçar a cada banho de cachoeira, para que pudesse viver até o fim de seu povo, como tanto queria.

Quando isso ocorrer, Sinaá derrubará a forquilha de uma enorme árvore que aponta para o céu, sustentando-o. O céu desabará sobre todos os povos e o mundo terá o seu fim.

Kanutsipém

A *formação dos rios*
Kamaiurá

Savuru era um espírito que possuía duas esposas. A pedido dos irmãos Sol e Lua, que as cobiçavam, as ariranhas o mataram, ficando sua esposa mais velha com Sol e a outra com Lua.

Os casais seguiram, então, em direção à aldeia de Kanutsipém. Durante o caminho, os irmãos encontraram dificuldades e necessitaram da ajuda de outros espíritos: Iamururu lhes curou a impotência, Ierêp fez nascer neles o ciúme das esposas e, uma vez cansados, pediram a Uiaó algo que os fizesse adormecer.

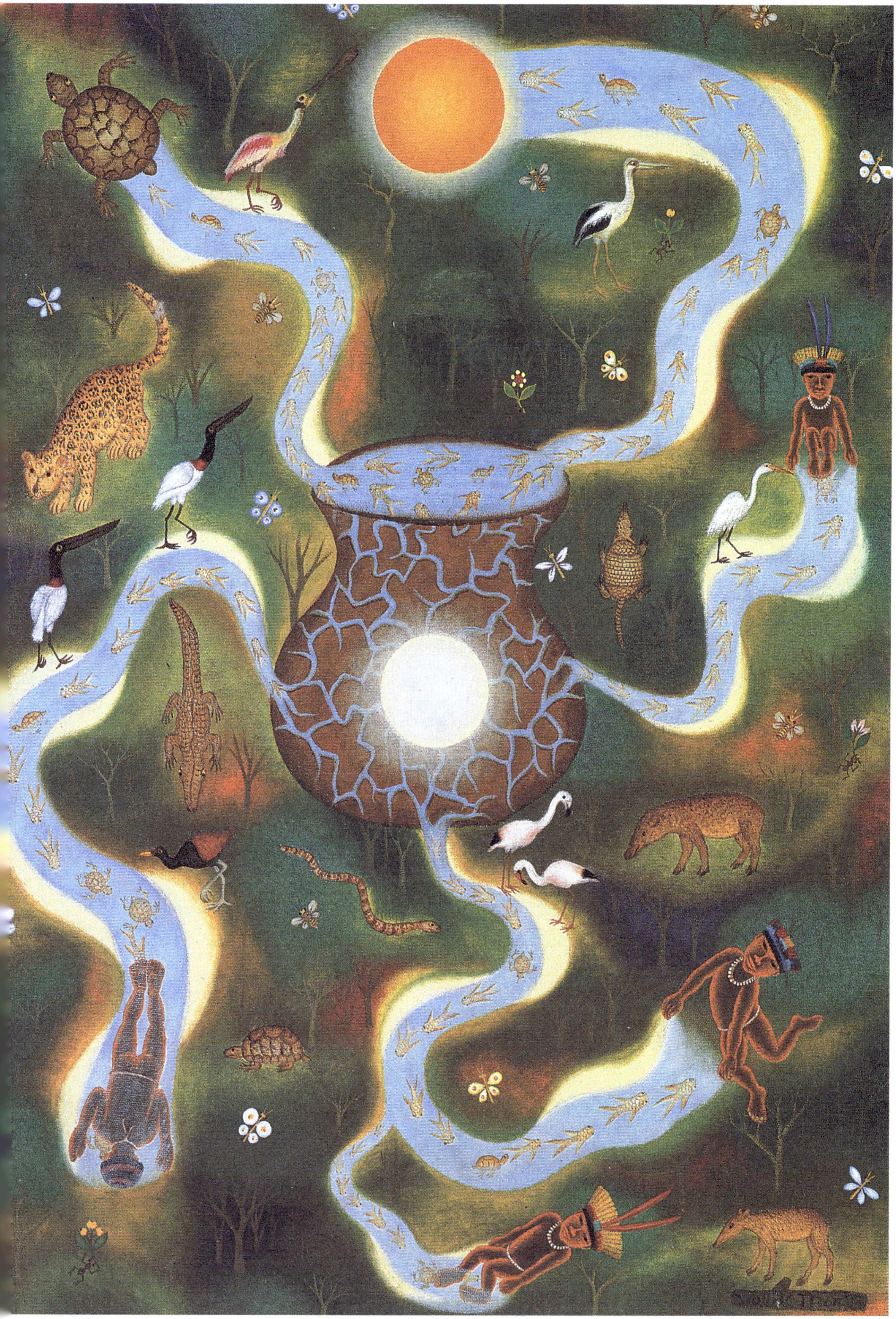

No dia seguinte, dispostos, retomaram a caminhada. Chegando ao local pretendido, estavam sedentos e pediram água a Kanutsipém. A água, porém, estava suja. O irmão Lua, tomando a forma de um beija-flor, voou rapidamente à procura de água boa para beber. Ao voltar, contou-lhes que o espírito os enganara, mantendo escondidos muitos potes com a água mais pura.

Contrariados, os casais retornaram à sua aldeia, contando a todos o que ocorrera. Então, vários espíritos uniram-se a Sol e Lua: Vani-Vani, Ianamá e Kanaratê. Eles fizeram zunidores, invocando Hori-Hori, e também máscaras, para invocar os espíritos das águas: Jakui-Katu, Mearatsim, Ivat, Jakuiaép e Tavari, além de chamar o espírito Turuá, que habitava a copa do jatobá. Reunidos, dançaram e resolveram voltar à aldeia de Kanutsipém para tomar posse de sua água, quebrando todos os seus potes e levando a água para outras regiões.

Mearatsim chegou primeiro e cantou para espantar o dono do local. Chegaram, então, os outros espíritos e, à medida que quebravam os potes, formava-se ali uma grande lagoa, de onde cada um criou um rio. Sol criou o rio Ronuro;

Vani-Vani formou o rio Maritsauá; Kanaratê, o Paranajuva; e Ianamá, um afluente do Ronuro.

A formação dos rios não agradou a Sol, pois nem todos corriam para Moréná. Começou, então, uma confusão, em meio à qual Lua foi engolido por um grande peixe.

Sol, desesperado, saiu à procura do irmão no ventre dos peixes que encontrava. Chegou a capturar o tucunaré, o matrinxã, o pirarara e a piranha. Mas havia sido o jacunaum que o engolira, informou o acará. E ambos, unidos, partiram à caça do peixe. Pediram a taperá um grande anzol, ocultando-o num charuto. O acará nadou à procura de jacunaum, oferecendo-lhe fumo. Desta maneira, Sol conseguiu fisgá-lo. Entretanto, dentro do peixe, restavam apenas os ossos de seu irmão.

Desejando ardentemente que Lua revivesse, Sol arrumou no chão seu esqueleto, cobrindo-o com as folhas perfumadas do *enemeóp*. Aos poucos, a carne surgiu, revestindo os ossos. Faltava-lhe ainda a vida. Sol então colocou um mosquitinho em sua narina, provocando-lhe um espirro, que o fez despertar. Assim foram criados os rios e iniciou-se a prática da pajelança, tendo sido Sol o primeiro pajé.

Iamuricumás

As mulheres sem o seio direito
Kamaiurá

Em meio a uma grande festa, os índios haviam concluído a cerimônia de furar as orelhas de seus meninos, após a qual as crianças permanecem de resguardo. Segundo o costume, os homens da aldeia foram à pesca para alimentá-las, enquanto as mulheres prosseguiram com o corte dos cabelos.

Percebendo que os pais demoravam a chegar, o filho do pajé decidiu ir ao rio.

Lá ele pôde observá-los batendo o timbó e pegando muitos peixes.

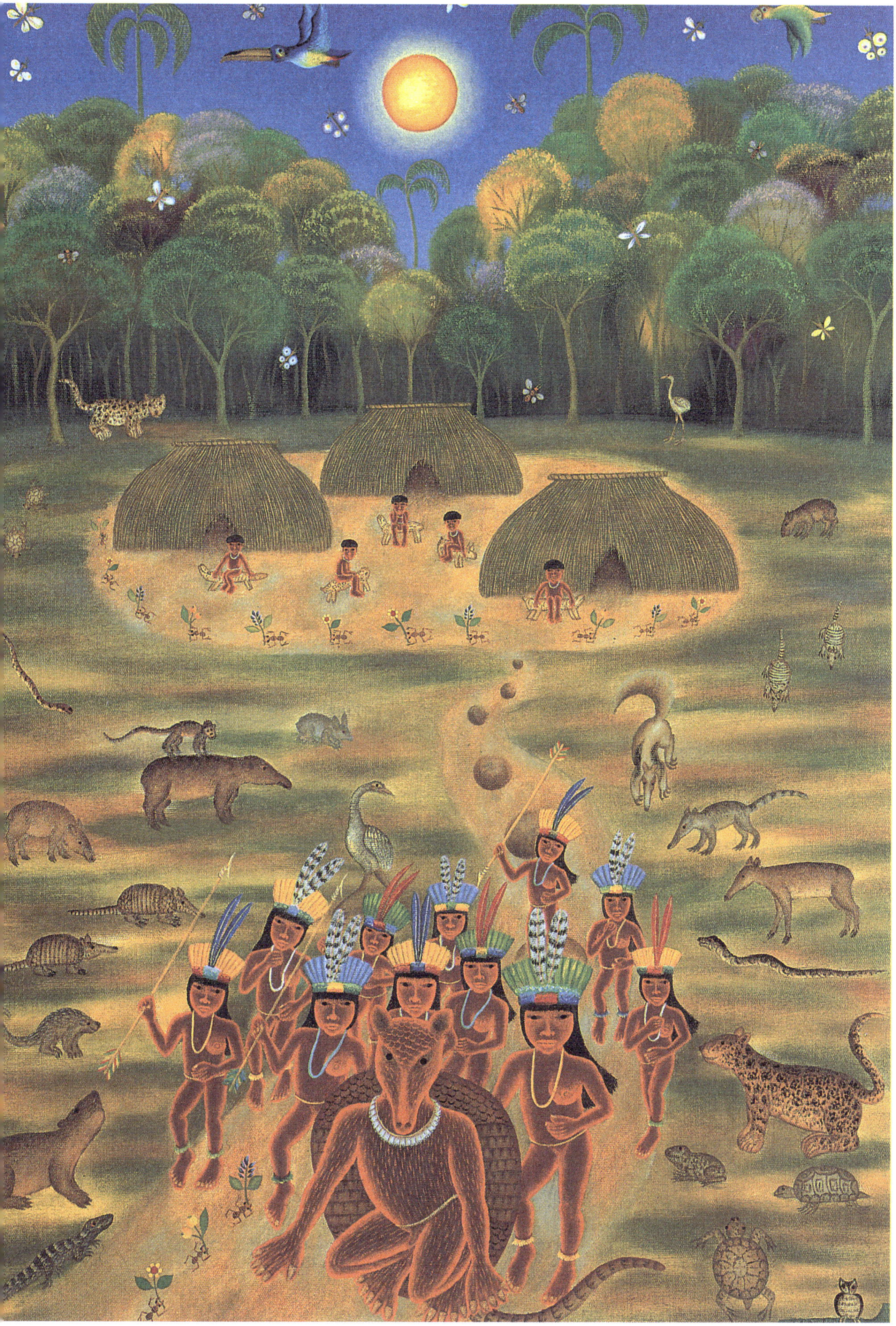

Repentinamente, os índios transformaram-se em animais selvagens. Assustado, o menino correu à aldeia, relatando à sua mãe o que sucedera. Ela avisou as outras mulheres e, reunidas, prepararam-se para fugir dentro de poucos dias, pois os homens da pescaria agora representavam perigo.

Pintaram-se e ornamentaram o corpo como se fossem homens. Em seguida, a esposa do pajé, diante do grupo, entoou um canto, conduzindo-o até a floresta. Lá, untaram-se de veneno, transformando-se em *mamaé*.

Após cantarem e dançarem dois dias sem cessar, pediram a um ancião que, colocando sobre as costas a casca de um tatu, seguisse na frente do grupo, abrindo-lhe passagem. O homem passou a agir como se fosse o próprio animal.

As mulheres, indiferentes aos homens da pescaria, seguiram o seu caminho, a cantar e a dançar.

Elas levaram consigo mulheres de mais duas aldeias. Suas crianças foram lançadas ao rio, tornando-se peixes.

Ainda hoje, as Iamuricumás viajam dia a noite, armadas de arco e flecha. Não possuem o seio direito, para melhor manejar suas armas.

E assim, cantando e dançando, continuam a abrir caminhos pela floresta, seguindo eternamente o homem-tatu.

Vocabulário

A

Acará: peixe de água doce típico da América do Sul, que vive em cardume.
Anta: grande mamífero da América do Sul; tapir.
Ariranha: espécie de mamífero típico do Pantanal e da bacia do Amazonas.
Arutsãm: sapo mitológico.

B

Begorotire: herói mítico, o homem-chuva.
Berá: cervo mitológico, encantado, com o pelo brilhante.
Biju: alimento feito do polvilho da mandioca.
Borduna: arma indígena de madeira; tacape.

C

Cabaça: fruto oco de casca dura, muito utilizado como vasilha, depois de seco.
Cacique: chefe da aldeia.
Canitar: adorno de penas usado na cabeça em solenidades.
Craíba: nome de árvore do cerrado.

Catipuruí: pássaro brasileiro, também conhecido como corruíra ou rouxinol.
Cujubim: espécie de ave que mede cerca de 70 cm, também conhecido como jacu-verdadeiro.

E

Enemeóp: planta com folhas perfumadas.

F

Faveira: espécie de árvore, que produz grandes favas (vagens).

G

Gaita de bambu: pequena flauta de bambu.

I

Igaranhã: jacaré.
Iguaçu: água (rio) grande.
Inhambu: espécie de ave com cerca de 20 cm e capacidade limitada de voo.
Irapuru: ave típica da região amazônica, de belo canto, também conhecida como uirapuru.

J

Jacu: ave de grande porte, com cerca de 85 cm de altura.
Jacunaum: peixe de água doce.
Jatobá: árvore típica da Floresta Amazônica, encontrada em toda a América Latina.

Jenipapo: árvore frutífera, encontrada em toda a América tropical. Seu nome, em guarani, significa "fruta usada para pintar", uma vez que dela se extrai uma tinta para pintar o corpo, cerâmicas e paredes.

Jirau: armação de madeira.

K

Kuarup: totens espirituais; nome do ritual em que esses totens são montados, para celebrar os mortos.

M

Mamaé: espírito.

Maracá-êp: tocadores de maracá, que é uma espécie de chocalho.

Matrinxã: peixe de água doce.

Morená: região sagrada, próxima ao rio Xingu.

Mutum: ave de plumagem negra e bico com cores vivas.

O

Oca: habitação indígena

P

Pajé: chefe espiritual indígena.

Pajelança: práticas rituais executadas por um pajé.

Paricá: pó alucinógeno extraído de fruto da árvore de mesmo nome.

Pequi: fruto aromático.

Pindaíba: árvore frutífera brasileira.

Piranha: peixe carnívoro.

Pirarara: peixe de couro, encontrado na bacia do rio Araguaia, Tocantins e Amazonas.

Poronominaré: personagem lendário, conhecido como "o dono da terra".

S

Samaúma: árvore tropical gigantesca, que chega a 70 m de altura.
Sapé: capim usado para cobrir cabanas.
Sinaá: pajé mítico, entre os Juruna.
Sucuri: serpente que atinge até 10 metros de comprimento.

T

Tabatinga: argila branca mole, utilizada na pintura corporal.
Taperá: pássaro (andorinha-do-campo).
Tarobá: personagem lendário Kaingang.
Tatu-canastra: espécie de tatu grande, que pode chegar a 1,5 m de comprimento.
Timbó: cipó anestesiante, usado na pesca.
Tracajá: espécie de tartaruga de água doce, típica da Amazônia.
Tucumã: fruto de palmeira; coco.
Tucunaré: peixe de água doce, típico da Amazônia.

U

Uca-uca: luta do alto Xingu.
Urubutsim: ave carnívora; urubu-rei.
Urutau: pássaro noturno.

Z

Zarabatana: arma indígena, que consiste em um canudo de madeira, pelo qual são soprados dardos, setas e outros projéteis.
Zunidor: peça de madeira que, girada no ar, produz som.

Referências

AGOSTINHO, Pedro. *Kuarup*: mito e ritual no Alto Xingu. São Paulo: Edusp, 1974.

AMORIM, Antonio Brandão de. Lendas em wheêngatu e em português. *Revista do Instituto Histórico e Geográfico Brasileiro*, 1926.

BALDI, Mario. *Uoni-Uoni conta sua história*. São Paulo: Melhoramentos, 1950.

BALDUS, Herbert. *Lendas dos índios do Brasil*. São Paulo: Brasiliense, 1946.

_____. *Tapirapé*. São Paulo: Nacional, 1970.

_____. Lendas dos índios Tereno. *Revista do Museu Paulista*, Nova Série, v. IV, São Paulo: 1950, p. 218-221.

BANNER, Horace. Mitos dos índios Kayapó. *Revista de Antropologia*, v. 5, n. 1, São Paulo: 1957.

CRULS, Gastão. *A Amazônia que eu vi*. Rio de Janeiro: Brasiliana, 1938.

FLORENCE, Hércules. *Viagem fluvial do Tietê ao Amazonas, de 1825 a 1829*. São Paulo: Edusp, 1941.

GREGÓRIO, José. *Contribuição indígena ao Brasil*. Belo Horizonte: União Brasileira de Educação e Ensino, 1981.

LUKESCH, Anton. *Mito e vida dos índios caiapós*. São Paulo: Edusp, 1986.

MAGALHÃES, Couto de. *O selvagem*. São Paulo: Edusp, 1975.

METRAUX, Alfred. *A religião dos tupinambás*. 2. ed. São Paulo: Nacional/Edusp, 1979.

_____. Mythes et Contes des Indiens Cayapo. *Revista do Museu Paulista*, v. 12, São Paulo: 1960.

ORICO, Oswaldo. *Contos e lendas do Brasil*. São Paulo: Melhoramentos, 1931.

PINHEIRO, Aurélio. *À margem do Amazonas*. Rio de Janeiro: Brasiliana, 1937.

PINTO, E. Roquete. *Rondônia*. Rio de Janeiro: Brasiliana, 1938.

PINTO, Estevão. *Os indígenas do Nordeste*. Rio de Janeiro: Brasiliana, 1935-1938. 2 v.

PIZA, Marcelo. Notas sobre os Caingangs. *Revista do Instituto Histórico e Geográfico de São Paulo*, 1937.

RIBEIRO, Darcy. *Religião e mitologia kadiwéu*. Conselho Nacional de Proteção aos Índios: Rio de Janeiro, 1950.

SOUZA, Francisco Bernardino de. *Comissão do Madeira*: Pará e Amazonas. Rio de Janeiro: 1884-1885.

SPIX, MARTIUS. *Viagem pelo Brasil, de 1817 a 1820*. São Paulo: Edusp, 1981.

TOCANTINS, Antonio Manoel Gonçalves. Estudos sobre a tribo mundurucu. *Revista do Instituto Histórico e Geográfico do Rio de Janeiro*, 1877, t. 40, 2.ª parte, p. 10-161.

VILLAS BÔAS, Cláudio e Orlando. *Xingu*: os índios, seus mitos. 8. ed. Porto Alegre: Kuarup, 1990.

Walde-Mar de Andrade e Silva

Nasci em 1933, em uma fazenda às margens do rio Itararé, no estado de São Paulo. Embora pobre, minha infância foi muito feliz e livre, com muito espaço em meio à natureza. Sentia-me quase um índio, sentimento coincidente com minha origem.

À medida que ouvia meu pai contar histórias de nossos índios e de sua forma de viver, despertava em meu íntimo uma vontade imensa de conhecê-los.

Mudei-me em 1944 para a pequena cidade de Timburi, onde comecei a fase escolar. Aprender a ler era o meu grande desejo, pois, somente assim, poderia levar adiante o meu interesse pelo tema indígena. Foi nessa época que os irmãos Orlando, Leonardo e Cláudio Villas Bôas iniciaram seu trabalho na missão Roncador-Xingu. Pelas reportagens, com muito interesse, pude acompanhar os acontecimentos.

Aos 20 anos, passei a residir na cidade de São Paulo. Incentivado por meu irmão Neuton, pintor *naïf* na área de folclore, iniciei minha carreira de artista plástico, elegendo como tema exclusivo o índio brasileiro.

Em pouco tempo expus obras baseadas no livro *Xingu: os índios, seus mitos*, de Orlando e Cláudio Villas Bôas, que contribuíram, de forma objetiva, para o sucesso do meu trabalho artístico, prestando-me importantes esclarecimentos e, principalmente, permitindo-me realizar um grande desejo: conhecer o índio na sua intimidade.

Foi com grande emoção que, em 1971, fui ao Xingu. Durante oito anos mantive contato frequente com os índios. O convívio e a amizade conquistada permitiram-me colher valiosas informações, bem como observar sua forma de viver, seu dia a dia, seus rituais e suas festas.

No meu trabalho artístico, sou aluno do índio e da natureza. Considero-me um privilegiado!

Produção gráfica

FTD educação | GRÁFICA & LOGÍSTICA

Avenida Antônio Bardella, 300 - 07220-020 GUARULHOS (SP)
Fone: (11) 3545-8600 e Fax: (11) 2412-5375

São Paulo - 2024